METODOLOGÍA JURÍDICA

Friedrich Karl von Savigny

METODOLOGÍA JURÍDICA

VE VALLETTA EDICIONES
2015

Diagramación y armado: *Sergio Garófalo*

primera edición: 2004
primera reimpresión: 2015

Hecho el depósito que marca la ley 11.723

Impreso en Argentina

Laprida 1780 (1602) Florida
Prov. de Buenos Aires - Rep. Argentina
Tel./Fax: 005411-4796-5244 / 4718-1172
E-mail: info@vallettaediciones.com
www.vallettaediciones.com

ÍNDICE

PRIMERA PARTE
Las normas de elaboración absoluta de la ciencia del derecho

SECCIÓN I
Elaboración filológica de la jurisprudencia

SECCIÓN II

SECCIÓN III

SEGUNDA PARTE
Metodología del estudio literario de la jurisprudencia

DERECHO CIVIL

TERCERA PARTE
Mitología del estudio académico de lo jurídico

INTRODUCCIÓN

Si el éxito de los trabajos eruditos no depende solamente del talento –el grado de la fuerza espiritual del individuo– y de la aplicación –cierto uso de aquélla-, debe haber también un tercer factor del cual dependa en gran medida, esto es, el método, la dirección de dicha fuerza. Cada uno tiene un método, más en pocos ha llegado a ser una conciencia y un sistema. Pero el método es llevado a un sistema por el hecho de que pensemos que una ciencia es acabada a las leyes propias a su naturaleza o conforme a un ideal de ésta. Sólo su contemplación nos conducirá a un método correcto. ¿Cómo podemos, pues, alcanzar el ideal de una ciencia? Un medio auxiliar general y un juicio sobre el individuo particular. Si consideramos, por ejemplo, la carrera científica de un jurista, conoceremos su método, y, por tanto, probablemente un método posible. Si lo comparamos con la ciencia, podremos juzgar también el método de él. La historia de la literatura nos lleva, entonces, siempre a un método y su juzgamiento.

Pero podemos y debemos pensar también en escuelas y períodos de cada ciencia. De esto obtendremos un método general de todos los eruditos de una determinada época. Debemos elaborar esos períodos también desde el punto de vista de la historia de la literatura. De muchas comparaciones se podrá establecer el carácter de los métodos de entonces. Toda historia de la literatura no es, pues, nada más que historia del método; cada cual depende de la otra, debiendo ser aclarada la una por la otra.

El objetivo de estas clases consiste en investigar el estudio de nuestra ciencia, para poder aprovechar las características de los eruditos particulares.

¿Qué es mejor?: ¿tener en cuenta los juristas antiguos o los modernos? Cada perspectiva tiene su ventaja. No se encuentra más la erudición fundamental general en la elaboración de la jurisprudencia que existía anteriormente, porque aunque en todo método hay además de lo individual algo de la época, así también en la jurisprudencia mucho se debe a la época, y viceversa. Si tomamos a los eruditos modernos, podremos advertir algunas cosas mejor y más directamente. Por esta razón, en estas clases tenderemos más en cuenta a los nuevos cultivadores de nuestra ciencia, sin excluir totalmente a los antiguos.

¿Cómo debe elaborarse, entonces, la ciencia del derecho? Se puede pensar en:

Una absoluta elaboración sin miras al eventual medio auxiliar de la literatura, un sistema puro como fundamento; y

Con miras a dichos medios auxiliares

Las normas de una elaboración científica absoluta deben hallarse en todo método. Por ello comenzaremos con este método absoluto. Pero en el deben establecerse normas para relacionar los medios auxiliares eventuales con la elaboración absoluta. Entonces se planteará el problema siguiente: ¿de qué modo deben ser utilizados los escritos elaborados dentro de nuestra ciencia y cómo aprovechar la lectura con respecto a las normas absolutas? Finalmente, deberá establecerse cómo hacer uso de un nuevo medio auxiliar, el estudio académico, en relación con el estudio absoluto de la jurisprudencia.

Según esto, la metodología jurídica comprende tres partes:

1) Metodología absoluta

2) Metodología del estudio literario de la jurisprudencia

3) Metodología del estudio académico.

Las características literarias deben ser incorporadas a la primera parte. Ellas nos muestras las normas de la elaboración perenne de la jurisprudencia, sea positiva o negativa: positiva, si se ha seguido un método correcto; negativa, si se ha elaborado la ciencia de modo incorrecto o invertido.

Friedrich Karl von Savigny

PRIMERA PARTE

Las normas de elaboración absoluta de la ciencia del derecho

Presentación. Si consideramos históricamente al Estado como un ser que actúa, podemos imaginarnos por separado ciertas categorías de dichas actuaciones, entre ellas la legislación; esto es, podemos pensarlo como legislador. El objetivo de la ciencia jurídica es, por tanto, presentar históricamente las funciones legislativas de un Estado. Pero encontramos que la legislación real es doble, porque:

1) Establece los derechos que el Estado quiere garantizar a los ciudadanos particulares: el derecho privado o civil

2) Se refiere a las disposiciones que él establece para proteger las leyes: el derecho criminal.

De esta forma existen dos partes principales de la jurisprudencia: la ciencia del derecho privado y la del derecho criminal. Pero el derecho público –la presentación sistemática de la constitución del Estado - no se deja encuadrar en el concepto de la jurisprudencia, pues el derecho público supone al Estado sólo como existente, mientras que la ciencia legislativa lo concibe ya como actuante. Ambos se entrelazan, pero no se dejan comprender bajo el mismo concepto. Con ello, sin embargo, no se niega el gran interés en el estudio del derecho público. Una gran parte del derecho público debe ser tratada ahora de modo similar que el derecho privado; por ejemplo, un hacendado tiene jurisdicción al igual que cualquier otro derecho privado, porque en todos los Estados modernos existe una relación que es más antigua que nuestro derecho público: la constitución feudal; el derecho público de los tiempos antiguos era más puro.

La función legislativa es, por consiguiente, doble legislación de derecho privado y legislación de derecho criminal. Las normal de elaboración, empero deben ser deducidas de lo que es común a las dos: los principios fundamentales. Éstos son:

1) La ciencia legislativa es una ciencia histórica;

2) Es también una ciencia filosófica;

3) Ambas deben unirse; deben ser totalmente históricas y filosóficas a la vez.

1) La ciencia legislativa es histórica

La necesidad del Estado mismo radica en que debe existir algo entre los individuos que limite el dominio de la arbitrariedad de unos contra otros. El Estado lo hace ya de por sí, porque es un fenómeno entre los individuos; pero directamente lo hace la función legislativa. Más el grado de la limitación del individuo debe ser independiente de la arbitrariedad del otro, y un tercero debería decidir hasta dónde puede llegar la limitación. Pero como hay un margen amplio para la arbitrariedad de este tercero, era mejor que existiese algo totalmente objetivo, algo del todo independiente y alejado de toda convicción individual: la ley. Ella debería, pues, ser completamente objetiva conforme a su finalidad original, esto es, tan perfecta que quién la aplique no tenga nada que agregarle de sí mismo. Se llama a saber histórico a todo saber de algo objetivamente dado; por consiguiente, todo el carácter de la ciencia legislativa debe ser histórico; ello importa nuevamente que debe ser:

a) Histórico en el sentido propio, y

b) Filológicamente

Respecto de b): este principio debe inferirse nuevamente de la naturaleza de la cosa. La existencia libre y la independencia del individuo de la voluntad de otros deben ser defendidas necesariamente en todo Estado.

Existe esta alternativa: o se designa a un árbitro para los litigios probables de los individuos, o, mejor, existe algo totalmente exterior, que no depende de arbitrariedad alguna: la ley; esto es, la ley civil en cuento determina la acción del individuo, o la ley criminal en cuanto se refiere a la garantía de dicha acción. Así no es la arbitrariedad del juez la que decide sino la ley misma; el juez reconoce tan sólo las normas y las aplica al caso particular. Estas normas son establecidas por la ciencia del derecho. Por ello, el juez tiene una función en común con el jurista y aparte una más: ya que la ley ha sido establecida para excluir toda arbitrariedad, la única acción y la única tarea del juez es una interpretación puramente lógica.

Ello se halla incluido en esta expresión: la jurisprudencia es una ciencia puramente filológicamente.

¿Ha sido reconocido como correcto este principio desde el comienzo?

Además de la teoría legal, encontramos en la nueva ciencia legislativa un sistema de práctica que a menudo le está opuesto, y, por consiguiente, dos clases de juristas: teóricos y prácticos. La causa de los Estados modernos el poder legislativo manifestó respecto de la legislación. Los jueces se consideraban justificados para cambiar la legislación antigua porque muchas situaciones nuevas no concordaban con aquélla, y porque el poder legislativo no ejercía sus facultades. Es muy significativo esto donde en períodos anteriores se ha dejado coexistir tranquilamente a la práctica junto a la teoría, y sólo últimamente se le ha atacado mucho.

En otros Estados no se conocen estas disputas, especialmente en Inglaterra, donde reina, particularmente en el derecho criminal, una aplicación literal de la ley, y donde nunca se ha llegado a una interpretación lógica correcta. Desde hace tiempo allí fue establecido el jurado que investiga el hecho.

Mediante estos casos, así como por las nuevas instituciones en Francia, ser comprueba la posibilidad de nuestro principio.

2) La ciencia legislativa es también filosófica

Muy temprano encontramos ensayos de una elaboración sistemática de la jurisprudencia. En los tiempos modernos ellos son frecuentes. Tal tratamiento sería de muy poco valor si brindara sólo una catalogación, un agregado cómodo de materias, pues sería una mera facilidad para la memoria; en cambio, si quiere tener verdadero mérito, su íntima coherencia debe tener una unidad. Para ello debe tener un contenido general –tarea general de la ciencia del derecho-, y toda la legislación un contenido, que no esté sujeto al azar. Ya el concepto de la legislación civil y criminal fue una tarea general de esta naturaleza, de modo que es posible una elaboración sistemática de la jurisprudencia; pero si existe tal elaboración, la jurisprudencia linda directamente con la filosofía, la cual mediante completa deducción debe indicar todo el contenido de la tarea general; la jurisprudencia es, por tanto, una ciencia filosófica.

3) La ciencia legislativa es histórica y filosófica

Si bien los principios 1 y 2 son distintos, sin embargo, ambos son verdaderos, y por ello deben estar relacionados entre sí: el carácter perfecto de la jurisprudencia radica en esta relación. Lo particular que en la elaboración filosófica es conocido como particular, debe a la vez ser considerado como un todo en la elaboración sistemática y, nuevamente, debe ser posible descomponer el aspecto sistemático de la jurisprudencia en sus elementos. El tratamiento de la jurisprudencia debe, pues, llevar en sí la condición de una elaboración interpretativa y filosófica. Pero primero exégesis y sistema deben elaborarse por separado y no separarse demasiado pronto; de lo contrario, la elaboración fracasará necesariamente. Un trabajo así malogrado se halla donde los elementos particulares están muy toscamente expuesto uno al lado del otro.

Toda presentación siguiente tiene por objeto demostrar:

1) Cómo debe realizarse una elaboración puramenteexegética de la jurisprudencia;

2) Como debe realizarse una elaboración sistemática de ella;

3) Por tanto, la relación entre ambas se da espontáneamente.

Pero la legislación debe concebirse en un período dado, con lo cual volvemos a la elaboración verdaderamente histórica de la jurisprudencia, que hemos mencionado antes. Ello nos conduce al concepto de una historia del derecho que a su vez se relaciona exactamente con la historia de los Estados y pueblos, ya que la legislación es una acción del Estado. Más el concepto usual de la historia del derecho es demasiado limitado, se la consideraba una parte de la historia del Estado, y solamente se enumeraban los cambios introducidos (historia exterior del derecho). Ello, si bien ha sido útil, no era suficiente. Se debe concebir el sistema como en progreso constante y relacionarlo todo con él (historia interior del derecho), y no sólo elaborar cuestiones aisladas del derecho.

Esta elaboración histórica de la jurisprudencia presupone otras elaboraciones; se debe partir de la exégesis y relacionar con ella el sistema. (En cambio, si consideramos también la actividad espiritual, la elaboración histórica se asimila a la filológica y se coordina con ellas; se designará a ambas como elaboración histórica y se las colocará frente a la histórica. La legislación debe, pues, primero separarse en sus elementos particulares y luego presentarse en la relación verdadera según su espíritu, y sólo entonces podrá disponerse el sistema así descubierto según un orden histórico en los períodos particulares determinados.

Hay que presentar, por tanto, en una metodología completa y absoluta:

- ¿Cómo es posible una interpretación de la jurisprudencia? (parte filológica)
- La historia (parte histórica)
- El sistema (parte sistemático-filosófica).

SECCIÓN I

Elaboración filológica de la jurisprudencia Concepto y tarea de la interpretación

¿Cómo es posible una interpretación? Una interpretación debe poder ser elaborada histórica y sistemáticamente.

Prescindimos de la acostumbrada división de la interpretación en *authentica, doctrinalis* y *usualis*, partiendo la primera del poder legislativo y las otras dos de los estudiosos. Sólo se puede hablar de una interpretación *doctrinalis*, y no de una authentica, porque cuando el legislador como tal aclara una ley, aparece una nueva ley que tiene su origen en la primera, de modo que no se puede hablar de una interpretación de aquélla. Si no la aclara como tal, la interpreta *doctrinaliter*, esto es, la interpretación es igual como si partiera de un juez. Tampoco puede haber una interpretación usualis. No hay duda de que hay una interpretación declarativa; pero error que la divide en extensiva y restrictiva, sólo puede precisarse más adelante, más ambas contradicen totalmente el carácter de nuestra ciencia. En la interpretación siempre se presupone algo directamente dado: un texto. El descubrimiento de ese algo dado se llama crítica diplomática, que debe preceder toda interpretación y es especialmente necesaria cuando eso directamente dado debe ser investigado en diversas fuentes, por ejemplo, manuscritos. Debemos considerar todas las versiones como algo que no es directamente dado. La crítica diplomática nos concede el grado de su autenticidad, y sólo entonces es posible una interpretación. ¿Cómo es esto posible?

Toda ley debe expresar un pensamiento en forma tal que valga como norma. Quien interprete una ley debe analizar el pensamiento contenido en la ley, debe investigar el contenido de la ley. Interpretación es lo primero: reconstrucción del contenido de la ley. El intérprete debe colocarse en el punto de vista del legislador y producir así artificialmente su pensamiento. Esta interpretación no es posible sino por una triple composición de la tarea. La interpretación debe tener, por tanto, una constitución triple: lógica, gramática e histórica. Las dos primeras son consideradas como clases de interpretación, pero incorrectamente, pues todas deben estar así concebidas. Cada una debe tener:

1) Una parte lógica que consiste en la presentación del contenido de la ley en su origen y presenta la relación de las partes entre sí. Es también la genética presentación del pensamiento en la ley. Pero el pensamiento debe ser expresado, por lo cual es preciso también que haya normas de lenguaje, y de ello surge.

2) La parte gramática, una condición necesaria de la lógica. También se relaciona con la parte lógica.

3) La parte histórica. La ley es dada en un momento determinado, a un pueblo determinado; es preciso conocer, pues, estas condiciones históricas para captar el pensamiento de la ley. La presentación de la ley es sólo posible por la presentación del momento en que la ley existe.

Pero la ley tiene que ser objetiva, esto es, expresarse directamente; por ello todas las premisas de la interpretación deben hallarse en la ley misma o en conocimientos generales (por ejemplo, conocimiento del lenguaje de la época). La interpretación se hace fácil si el intérprete se coloca en el punto de vista de la ley, más tan sólo si ese punto de vista es conocible mediante la ley misma. Se dice generalmente que en la interpretación todo depende de la intención del legislador, pero esto es verdad a medias, porque depende de la intención del legislador en cuanto ésta proviene de la ley.

Ahora podemos determinar completamente el concepto. Interpretación es reconstrucción del pensamiento (claro u oscuro, es igual) expresado en la ley en cuanto sea conocible en la ley.

Es completamente inútil el concepto usual de interpretación (aclaración de una ley oscura). Ciertamente, se entiende por interpretación una aclaración artificial de la ley, de modo que el concepto está bien, pero siempre se halla palmariamente subordinado a un concepto general de interpretación, y el concepto de una ley oscura es siempre muy vacilante. La tarea suprema de la interpretación es la crítica superior, esto es, restitución de un texto corrompido. Todo lo dado es sólo indirectamente dado, y en este medio, en este ser dado, puede ocurrir una falsificación. Si lo indirectamente dado difiere del texto fundamental, éste debe ser restablecido. La crítica superior debe constar de los mismos elementos que toda interpretación, esto es, elementos lógicos, gramaticales e históricos. También en este caso el intérprete debe hacer surgir de modo artificial el contenido de la ley, sólo que se supone que las partes de los textos originales que se hayan extraviado deben encontrarse de nuevo. Todas las partes están en relación con un todo orgánico, es decir, nada debe faltar si quiere ser un todo. Si algunas partes son auténticas y correctas, de ellas se deberá concluir cómo serían las incorrectas. Hay dos posibilidades:

1) Que el propio texto haga directamente necesaria la crítica (por ejemplo, cuando existen distintas maneras de lectura);

2) La necesidad de la crítica no aparece directamente como evidente, sino que su necesidad la revela la interpreta-

ción. En el primer caso, la crítica debe contestar exclusivamente una pregunta dada, mientras que en el segundo debe plantearse la pregunta y procurarse la respuesta.

Toda crítica, al igual que toda interpretación, debe trabajar con certeza Aunque esto no es siempre posible, esta idea debe guiar al menos toda la labor. La expresión audacia es completamente impropia en la crítica, pues toda crítica prescindes de la arbitrariedad y presupone una necesidad.

A esta crítica superior se le llama "crítica de conjetura". Como parte de nuestra ciencia, este es el lugar al que pertenece, puesto que la crítica diplomática debe precederla. El nombre crítica de conjetura es, sin embargo, no muy adecuado para nuestra teoría, porque está busca certeza. Por otro lado, existe una crítica de conjetura totalmente peculiar que difiere de la crítica superior, y en la cual se plantean meras suposiciones ingeniosas. Su lugar no es éste.

Toda necesidad, toda certeza que se obtiene por crítica, resulta del hecho de que es tomado el concepto de un todo orgánico. Sin embargo, siempre existe cierta inseguridad en la aplicación de estos principios críticos. Todo lo que se nos presente dado difiere naturalmente de lo que encontramos mediante la crítica; no se prestará, pues, más atención a lo dado, aunque éste es un hecho histórico innegable. Por ello queda siempre una sensación de inseguridad. Para lograr seguridad completa debe aclararse, respecto del texto encontrado correcto, como se originaron las deformaciones por errores. Esta tarea no corresponde aquí, pero es la prueba diplomática del acierto de la crítica, entonces ella ha alcanzado todo lo que puede lograrse.

Lo que se acaba de afirmar puede ser comprobado en dos ejemplos:

Aclaración de la ley 8, punto 1, de acquirrer.dom (D. 41.1):

Sed et si in confinio lapis nascatur, et sunt pro indiviso communia praedia, tunc erit lapis indiviso communis, si terra exemptus sit.

(La comunidad de una piedra encontrada surge del hecho de que ella yace en el límite entre dos fundos.)

Es del todo contradictorio el que en esta ley a la norma la comunidad de una piedra encontrada surge del hecho de que ella yace en el límite entre dos fundos, se agregue si los unos son comunes pro indiviso. Aquí es suficiente una de las dos condiciones, pues ambas se excluyen mutuamente.

¿Cómo ha de ser enmendado el texto?

Ambas condiciones deberían separarse de forma tal que la norma esté limitada por cada una de ellas. Al final basta agregar solamente un sí, y rezaría así: et si sunt pro indiviso. Ahora parece inteligible: una piedra es común en estos dos casos. ¿Cómo surgió el texto incorrecto del correcto? Todavía queda una dificultad de carácter gramatical en este pasaje, en cuanto la segunda frase está en indicativo, de modo que en lugar de sunt hemos de leer sint como hallamos en algunas ediciones, por ejemplo la de Haloander. Ahora la aclaración se hace fácil: encontramos que si varias letras figuran dobles una tras otra, se escribirán sólo una vez, de modo que en lugar de *et si sint* se escribe aquí *et sint*. Esta clase de enmienda se llama geminación.

2. Ulpiano, tít. 25, punto 13

Poenae causa certaevelincertae persona enequidemfideicommissadaripossunt.

Un fideicomiso no era válido. La sentencia sería inteligible si no figurara el agregado certae vel incertae personae. Esta división es correcta, pero no tiene objeto. Es inverosímil, y en Ulpiano imposible, y el texto original no pudo haber rezado así. Por ello es necesaria una enmienda.

Toda dificultad surge en Ulpiano, si consideramos toda la doctrina en su contenido. El concepto jurídico del legado y fideicomiso era bastante parecido; se diferencian sólo en la forma. El legado es legal y el fideicomiso es una modificación, por lo cual en el segundo sólo las modificaciones deben ser indicadas. Hay dos normas en virtud de las cuales un leg. Poenae causa y un legado en favor de una persona no era válido. Podría suponerse fácilmente que estas normas no regían para fideicomiso, que frecuentemente divergía, y Ulpiano dice para evitar esta suposición que ellas rigen también para el fideicomiso, pero se expresa brevemente ocn respecto a esto. El texto correcto es, pues: *poenae causa vel incertae personae*. La palabra *certae* debe ser suprimida. Mas ¿cómo llegó este *certae* en la versión inexacta? Vel siempre se refiere a una oposición, y ella existe aquí también, pero debe ser reconocida en relación con esto. Mas el copiado no lo sabía, y quizá quería aclarar el vel por la meramente lógica oposición *certae vel incertae*.

Sería conveniente para el ejercicio del talento crítico proveerse de ediciones defectuosas del *Corpus juris* con indicaciones de los errores, porque mediante la comparación con las ediciones correctas se podría comprobar la crítica.

Principios fundamentales para la interpretación en general

Toda interpretación adecuada a su fin debe unir lo diferente, en sí contrapuesto. Al mismo tiempo debe ser universal e individual.

Debe ser individual. Todo texto en una ley debe expresar una parte del todo, en forma tal que no esté contenida en ninguna otra parte. Cuanto más individual es, cuanto más trata de encontrar una frase especial y cuanto menos aclara el texto en general, más rica es su contribución a la totalidad de la legislación. El intérprete debe poseer el difícil arte de descubrir lo particular de cada texto, lo que sólo se puede sacar de él. La práctica es el mejor medio. Un medio auxiliar importante al respecto es descubrir la singularidad de expresiones técnicas, de las cuales el derecho romano está lleno. Se deben considerar tan individualmente cuanto sea posible. Algunos ejemplos harán más claro este punto:

Actio est jus persequendi in judico quod sibi debetur.

Considerando en general, este pasaje tiene el siguiente significado: actio es el derecho de exigir ante el tribunal aquello que se me debe. Más éste no es el sentido original. Originalmente existían solamente dos medios jurídicos: la acción y la vindicación. Toda vindicación es dirigida por el preto, mientras la forma de la actio descansaba sobre el hecho de que el pretor daba un judex. El derecho real corresponde a la vindicación, y el derecho de las obligaciones, a la acción. En esta definición se indica la característica de que actio concierne sólo a las obligaciones, de lo cual en nuestro pasaje se encuentran dos rasgos.

1) In *judicio*, esto es, en un proceso que es llevado a cabo ante un juez;

2) *Quod debetur.* Debere se refiere siempre al derecho de las obligaciones, y nunca al derecho real. Actio es, pues, originalmente el derecho de exigir ante un *judex pedaneus* aquello que la otra parte debe prestar *ex obligatione*.

En el primer pasaje de Ulpiano, tít. 5, punto I; tít. 19, punto 7, se dice: *in potestate sunt liberi parentum ex justo matrimonio mati.*

El segundo reza, *traditio proprie est alienato rerum, nec mancipi rerum dominia ipsa traditione deprehendimus, scilicet, si ex justa causa traditae sumt nobis.* La relación sería: la propiedad podía ser transferida a otra persona inter privatos, de una doble manera. Si la cosa era res mancipi, podía hacerse por mancipación, y si era una res nec mancipi, podía hacerse por tradición, pero que debía ser especialmente preparada: debía basarse en una justa causa. ¿Cuál es el sentido de esto? Se podría tomar el pasaje en general, pero no es así. *Justus* se refiere siempre a *jus civile*, y esto a una lex; por tanto, justa causa se refiere a jus civile, mientras la causa traditionis es una relación del derecho de las obligaciones, por lo cual el sentido de las palabras es el siguiente: suponiendo que preceda una relación de derecho de las obligaciones que se basa en el ius civile. La *obligatio civilis* hace surgir una acción, la naturalis, no del modo que al principio reza: suponiendo que la tradición se basa en una relación, ciertamente en una relación que hace surgir una acción. Esta frase rige también el más nuevo derecho romano.

Lo mismo ocurre con el primer pasaje: es el matrimonio reconocido por el derecho civil, esto es, un matrimonio en el cual los padres han tenido *connubium*.

La aplicación de este principio de la individualidad de la interpretación depende mucho de la cualidad de la legislación que se pretende interpretar. Cuanto más perfecta es formalmente la legislación, tanto más aplicable es también el principio. La legislación más culta en este aspecto, que nosotros conocemos, es la antigua legislación romana hasta 200 años después del nacimiento de Jesucristo. En las épocas posteriores se deterioró bastante en su valor.

Debe ser universal. La legislación expresa sólo un todo .La interpretación de lo particular debe también ser tal que lo particular se amolde al todo, para poder comprender lo particular. La exposición del todo no pertenece propiamente aquí, sino al sistema. Más como cada parte individual no es inteligible sin el todo, se lo debe concebir en relación con el todo: una tarea similar a la que existe en el sistema, pero con objetivos opuestos.

Podemos concebir al respecto dos casos:

La ley particular era parte de un todo más grande, por ejemplo, un fragmento de los escritos de los juristas antiguos, o no lo era, por ejemplo, fue modificado un solo punto.

El primer caso se halla en el derecho justinianeo en las *Instituciones, Pandectas* y en gran parte del Código. Las constituciones propiamente tales son raras en las primeras épocas, más los rescriptos eran frecuentes; el emperador se comporta como un jurista en un responso; cada *rescripto* pertenece, pues, al sistema de la época en que ha sido dado. Los rescriptos en el Código pertenecen, por tanto, al primer caso.

El segundo caso se encuentra en las Instituciones, el Código y en las Novelas; deben ser por sí fuentes exclusivas.

La interpretación no puede seguir un solo camino, debe ir en ambas direcciones.

a) Interpretación en el primer caso

Debe mostrarse el lugar de todo el sistema al cual el principio particular pertenece. Ello se aclarará con ejemplos.

Es una norma general que cuando el fiador es demandado debe tener el beneficium divisiones, para que pague una parte de la deuda. Suponiendo que el fiador invoque esto realmente, se entiende que los demás pueden pagar. Se llega, pues, a la regla: en el *beneficium divisionis* los demás fiadores deben ser solventes. Determinar esto con más precisión es tarea de la ley. Pero ¿cómo, si los fiadores han puesto para sí otros garantes? Por ejemplo, cuatro garantes se han obligado por un deudor, y tres de ellos han puesto para sí otros fiadores. Éste dirá: yo pagará mi rata, pero por las demás cuotas debes dirigirte a los otros garantes, y si ellos son insolventes, a sus garantes. ¿Cómo debe considerarse la solvencia o la insolvencia de los segundos fiadores para determinar también la solvencia de los garantes originales? Esto se contestará así, el patrimonio de los segundos fiadores se contará junto con el de los garantes originales. En la ley sólo debe señalarse la relación que existe entre el caso particular con toda la teoría de la fianza.

Algo parecido se encuentra en un malentendido fundado en la interpretación equivocada que los prácticos hicieron sobre el siguiente principio: el caso es igual al anterior, más el fiado en cuestión niega la insolvencia de los gogarantes. La cuestión es discutible. En una cuestión discutible el pretor nunca decidió, sino que pasó el hecho al *judex padaneus* para su investigación. Para tal fin lo instruyó, le otorgó la fórmula para la demanda y la excepción, Pasa lo mismo que en el caso anterior. El actor demanda al fiador para que le pague la deuda, ya que los demás garantes son insolventes; y el demandado niega la insolvencia en una excepción. Ahora el judex padaneus debe investigar la verdad de ambas afirmaciones y fallar conforme al resultado. Así resulta inteligible todo el pasaje, donde se dice que en este caso debe otorgarse al fiador esta excepción.

B) Interpretación en el segundo caso, cuando los legisladores están aislados totalmente para crear algo nuevo.

Aquí se debe considerar particularmente lo nuevo que debe fundarse por la ley. La línea histórica a la cual la ley pertenece debe, pues, exponerse. ¿Qué era correcto antes en este caso? ¿Qué es lo que ha sido cambiado en el derecho anterior?

Más adelante se encontrarán ejemplos para este caso.

Nos queda por reunir en un todo los dos principios: el de la individualidad y el de la universalidad. Toda interpretación tratará de ofrecer un resultado para el sistema. Debe, pues, tener un objeto práctico, porque debe dirigirse a aclarar un principio dentro del sistema.

Lo que hemos dicho será explicado ahora mediante observación literaria; sólo consideraremos escritos que tengan un verdadero carácter en el método, esto es, no aquellos que son una mera compilación o meros plagios.

Historia de la interpretación

La historia de la interpretación comienza en los siglos XII y XIII.

I) El primer período es el de los glosadores desde Ireneo hasta Accursio. Este período famoso se inició en Bolonia bajo Irineo y se cerró Accursio. Se interpretaba sin ninguna otra ayuda el derecho Justiniano tal cual transferido y existía. Los glosadores emprendieron el trabajo con toda dedicación, pero les faltaba casi todo otro conocimiento. Hicieron todo lo que podían: el reproche no toca a su método sino a su conocimiento.

II) A este período sigue en los siglos XIV Y XV el de los comentadores, por ejemplo, Bartolo, Baldo, etc. Sin duda, eran peores que los glosadores, más o menos como la relación que existe ahora entre los prácticos y los teóricos.

III) En los siglos XV y XVI, al descubrirse la literatura clásica, se elaboró por primera vez la jurisprudencia en forma científica. Se puede nombrar a este período como el de los humanistas franceses, y cubre el lapso de los siglos XVI y XVII. Esos humanistas tenían todo lo que les faltaba a los glosadores, pero trataron con demasiada acuciosidad a la literatura clásica, perdiendo por ello mucho de un método puro y vigoroso. Una interpretación verdadera y pura no existía, no se pensaba en considerar a la jurisprudencia como un sistema, no se buscaba sistema alguno. Una muestra de esa escuela fue Cujacio. Él y sus imitadores interpretaron y trataron de restituir la antigua jurisprudencia y restablecer los escritos de los juristas por separado. Más descuidaron el sistema, porque no elaboraron lo que tenían como un todo. El método fue de digresiones y puramente exegético. En tales digresiones llevaron el sistema a donde no había lugar para él. Cujacio coleccionó también en sus obras, entre otras cosas, pasajes de Paulo.

A este período pertenecen los juristas que esforzaron en editar las fuentes completas, especialmente Haloander y Konzius; del segundo tenemos también, aparte de sus ediciones, escritos jurídicos. Pero ambos han realizado el trabajo de sus ediciones sin observaciones y crítica; si hubieran indicado las causas de por qué eligieron precisamente este tipo de versión, podríamos llamarlos intérpretes.

IV) Sigue luego el período de los holandeses, a fines del siglo XVII y en el siglo XVIII. En el período anterior se consideraban iguales los conocimientos humanistas, la literatura y el trabajo sobre la antigüedad, con las ciencias. Surgió la filología como una especialidad aparte, especialmente en Holanda, donde formó una notable serie de filólogos. Aunque los juristas holandeses poseían gran erudición, se limitaron siempre sólo a detalles; por ello su método es raramente mejor que el de los franceses, y a menudo mucho peor.

Schulting es uno de los más meritorios, particularmente a causa de su Jurisprudencia antejustinianea, a la cual agregó sus propias notas, que son lo mejor de la colección, ya que la elaboración del texto es insignificante. Él también se limitaba a digresiones, las cuales, sin embargo, son muy eruditas. Su interpretación tampoco es una verdadera interpretación; él trabajó más bien para instruir al lector, a hacer su interpretación, y no para entregarla. Los juristas de ese período han realizado también peores trabajos, entre ellos Joh Kannegieter, quien editó en 1768 a Ulpiano y la Collatio con sus propias notas, pero pésimas. De una cosa salta a otra si son algo parecidas. La relación es arbitraria y accidental, mientras en Schulten, Cujacio y otros es siempre adecuada.

V) La escuela alemana, que constituye el quinto período, siempre se preocupó muy poco por la interpretación, excepto en Leipzig. Aunque se imitaba mucho a los holandeses, se perdió en pequeñeces. Püttmann es uno de los más destacados, pero tiene la falla de los holandeses; así también Stockmann. Todavía vivo, cuyas disertaciones vigorosas y elegantemente escritas muestran claramente este método.

Toda la manera de tratamiento de esos juristas descansa sobre un error, y sólo muestran su erudición clásica.

La consecuencia de ello fue que muchas excelentes cabezas despreciaban la elaboración erudita frente a esta mala elaboración de la crítica y la interpretación.

Una interpretación fundamental no dominó en ninguna escuela. Si se trata de ella, quizá podamos mencionar un solo jurista, que prácticamente no pertenecía a ninguna escuela. Es Jakob Gothofred, nacido en Ginebra el 13 de septiembre de 1585. Profesor en esa ciudad, finalmente senador, y que murió en el mismo lugar el 24 de junio de 1652. Sus obras más importantes son las *Quattuor fontes juris civilis*. Elaboró particularmente las Doce Tablas y lo hizo excelentemente. La obra apareció por primera vez en 1616. Su obra principal quedó inconclusa entre sus papeles, y después de su muerte fue editado, en 1665, un comentario sobre el Codex Theodosianus. Es la única muestra de una perfecta interpretación. En la elaboración de las constituciones de los emperadores debe seguirse un camino muy particular, en cuanto debe presentarse especialmente lo nuevo que en ellas existe. Gothofred observó estrictamente esta norma.

Es sumamente importante saber cuál es la opinión de este jurista sobre el estudio de la jurisprudencia, y es notable que lo haya aclarado en el prefacio a su Manuale juris. Él supone tres divisiones del ciclo jurídico.

Para la primera división se elaboró el Manuale juris. En él figuran cuatro partes, estos es:

1) Historia del derecho en general, y no en detalle.

2) *Bibliotheca juris*, información de las fuentes.

3) *Sententiae juris*, pasajes principales de las instituciones y las *Pandectas*, que contienen las normas generales y dan una visión general.

4) Paratilla sobre las Pandectas y el Código, el contenido de las partes especiales y su conexión. Éstos son estudios preparatorios.

Sigue en la segunda división una presentación histórica de las fuentes; para ello elaboró las *Quattour fontes*, que contienen:

Las *Doce Tablas*, totalmente terminadas;

El *Edicto Pretoriano*, donde indica sólo el plan sin elaborarlo;

La lex Julia Papia Poppaea totalmente elaborada: sin embargo, no tan perfecta como las Doce Tablas;

Los libri Sabiniani; también un plan general.

La tercera división contiene un detalle fundamental del derecho justinianeo, esto es:

Cauistica, es decir, interpretación exegética, introducción a la interpretación de la ley mediante la exposición del caso;

Teoría de la unificación de contradicciones aparentes

Introducción al contenido de las fuentes

Introducción al conocimiento de los libros de derecho

Mas el mismo Gothofred presentía que había lagunas en este plan, sobre las cuales se expresó. Exige especialmente un sistema de la política legislativa, extraído históricamente del derecho romano; luego un libro de texto de las Instituciones, un mero resultado, y no controversias. Así exigió también.

La restitución del edicto;

La restitución de los juristas antiguos (más tarde Hommel, en cierto sentido, realizó esta labor en su Palingenesia, aunque superficialmente)

La restitución de las constituciones del Código y su reconstrucción histórica;

Sistema de las antigüedades romanas.

SECCIÓN II

Elaboración histórica de la jurisprudencia

En la jurisprudencia mucho no se puede comprender sin cierto conocimiento histórico previo; pero no se trata aquí de esta utilización de la historia para saber algo acerca de la jurisprudencia, sino que investigamos en la medida en que ésta debe tener un carácter histórico.

Esta elaboración es absolutamente indispensable, en particular para la legislación justinianea: pues toda legislación es poco más o menos el resultado de la historia anterior de la legislación. Justiniano nunca tuvo la intención de hacer un código propio, sino de formar una mera compilación del rico material existente; el todo histórico se convirtió así nuevamente en ley. Ya de acuerdo con su forma, la legislación justinianea lleva en sí el carácter histórico; por ejemplo, son indicados los nombres de los autores de los fragmentos.

¿Cómo debe realizarse tal elaboración histórica? Depende, primero, de una vinculación histórica: segundo, de una separación histórica.

Vinculación histórica

¿Cómo se debe vincular históricamente?

La manera más sencilla es investigando cómo una cuestión especial ha sido contestada de modo distinto en diversas épocas de la legislación. Pero uno no debe detenerse allí; de lo contrario se obtendrían sólo resultados limitados, inclusive en muchos puntos serían inevitables los errores. Se debe tomar el sistema en su totalidad y considerarlo como progresivo, esto es, como historia del sistema de la jurisprudencia en su totalidad; de ello depende todo.

La tarea más elevada para la interpretación era la crítica. En la historia del derecho se encuentra algo parecido: la investigación de las fuentes; ella nos suministra también la materia para la elaboración histórica, siendo ella misma diplomática, esto es, una noticia general de las fuentes que debe procurarse de afuera, o sea una investigación más elevada que purifica el material dado: la tarea sublime de la historia del derecho. Para la elaboración diplomática existen normas de tratamiento; la elaboración más elevada parte de la historia del derecho mismo y construye el material.

El hecho de pensar desde el comienzo que este concepto de la historia del derecho es significativo y de plantearse como objetivo de todo el estudio una realización histórica de esta índole, constituye ya de por sí un medio auxiliar especial. Al final se establecerán épocas principales y se relacionará con ella todo lo particular.

Desde el siglo XVI se ha hecho mucho en la historia de la jurisprudencia, pero casi todo el mundo se quedó en la elaboración de la historia como un medio y un conocimiento previo dela jurisprudencia, sin plantearse el objetivo dado. Aquí pertenecen particularmente las obras de Bach, Reineccius Sigonius, Wieling, Schulting y otros. Sólo la Historia del derecho de Hugo es una buena muestra para el sistema mismo presentado como históricamente progresivo. Pero considerase más de cerca el método y la forma de Hugo, que el detalle individual, en el que algunas veces falla.

Separación histórica

Aquello que en la cosa misma está separado, debe ser separado, La jurisprudencia debe también tratarse con completa separación de sus fuentes. La mayoría de los juristas modernos disiente con esta norma: una parte inconscientemente en la exposición y práctica, y otra parte se declaran expresamente contra la separación

I) El primer error no es más frecuente que en el derecho penal, ya que al respecto existen dos fuentes que quieren ser omnicomprensivas: el derecho romano y el derecho alemán. Si no se separan exactamente estas dos fuentes, hay una confusión. Nuestros mejores penalistas, incluso Feuerbach, no son excepciones. Se considera en cada caso particular la legislación romana y la legislación alemana y se las presenta históricamente como una misma línea; se piensa que el legislador romano y el legislador alemán son una y la misma cosa. Toda investigación a fondo es imposible por esta composición directa. Este error fue reconvenido

II) Muchos caen también en el segundo error; no niegan la necesidad del estudio histórico, pero según ellos debe ser solamente una preparación; tiene que darse una absoluta elaboración de la jurisprudencia según los objetos y sin consideración a la variedad histórica del material

Aquí pertenece especialmente Hufeland, con sus *Institutionen des gesamten positiven Rechts*, Jena, 1798. Pretende ofrecer al principiante resultados seguros e indiscutibles de la jurisprudencia, con abstracción de todo material histórico. Tales panoramas son para aquél sin duda muy interesantes y útiles. Más ¿está permitido abstraerse de la diversidad de las fuentes? Ciertamente, no; tales panoramas generales serían imposibles, ya que se les quitaría todo contenido histórico, que debería ser sustituido por alguna otra cosa, lo que sería falso. Pero de ello hablaremos más adelante, en la parte correspondiente a la teoría del sistema. Pero con toda variedad de las fuentes debe haber para el juez un resultado práctico, y no histórico. ¿Cómo es posible la exposición de éste?

Puede ser a fondo y puede no serlo. Si es a fondo, constituye la última pero más laboriosa tarea de todos los esfuerzos de los juristas. Debe deducirse el contenido de cada legislación particular y desde allí deducir una teoría fluida de la vinculación. Para el principiante a quien Hufeland destinaba su obra, ello resulta imposible.

Puede ofrecerse una presentación superficial de los resultados, como ocurre en los lexicones y vocabularios jurídicos, por ejemplo, el Prontuario de Müller.

En esta sección hemos hablado únicamente del tratamiento histórico de la jurisprudencia, pero se puede pensar también viceversa, esto es, que la jurisprudencia puede ser empleada para aclarar otras ciencias, especialmente la política y la historia.

La jurisprudencia como ciencia auxiliar para otras ciencias

I La política. En el tratamiento histórico de la jurisprudencia se da ya una vinculación con la política: las máximas políticas son investigadas como fundamentación de la ley. Más la jurisprudencia permanece siempre como objetivo principal. Pero se puede concebir también la jurisprudencia para ejercer una crítica de la política, para una comparación de la legislación con su resultado y, por tanto, para emitir un juicio sobre las máximas políticas. Pero de todos los pocos intentos realizados en los escritos jurídicos, especialmente de los holandeses y franceses, son bastante insignificantes. El intento más importante es el de Thomasius, quien trató de combatir el derecho romano. Existe una obra en la cual el estudio histórico de toda la legislación es utilizado de modo original y profundo para las opiniones y los objetivos políticos:

II La historia. Se puede considerar la legislación también como una parte de la historia. Hay una excelente muestra de esta elaboración, esto es, del derecho romano, en la obra Historia de la caída del imperio romano, de Gibbon, quien le dedica un capítulo especial, el 44. Si esa parte de su obra en su totalidad y en relación con todo resulta malograda, se debe al hecho de que en la época de la caída del Imperio Romano el derecho no estaba absolutamente en su estado de florecimiento; para una visión y apreciación adecuadas de éste, el período de la República es el verdadero punto de partida.

SECCIÓN III

Elaboración sistemática de la jurisprudencia

Crítica de los intentos hechos hasta la fecha

Todas las desviaciones de la norma pura del sistema pueden reducirse a dos clases principales: o quedan por debajo del sistema o se elevan por encima de él.

Intentos que quedan por debajo del verdadero sistema, esto es, los que tienen la multiplicidad que debe uniformarse en, un sistema, pero no logran su unificación.

Uno de los mejores juristas pertenecientes a esta categoría es Hofacker. En sus *Principiis juris*, establece aquello que se halla en la legislación directamente, y no mediante el sistema. De esta manera, lo que en la legislación misma es claro y correcto, resulta sin sentido y falso. Estos conceptos sólo pueden ser tratados históricamente. Igualmente, concuerda con el concepto del *jus*. El autor investiga cómo puede perderse la posesión, establece una norma general al respecto y agrega algunos casos particulares de pérdida en los que señala:

1) La pérdida de la tenencia, de la capacidad física; y

2) Cuando uno quiere dejar de poseer

Todo está perfecto, pero esto contradice lamentablemente la regla general establecida: así como la posesión puede adquirirse por el *animus* y el *corpus* juntos, sólo podrá perderse también por ambos. ¿Cómo llega a esto? Porque nuevamente quiere presentar el contenido de la legislación directamente, incluso literalmente; pero no lo amolda al sistema como resultado del estudio de las fuentes. El pasaje se halla en las *Pandectas*. Una contradicción práctica de esta índole no debe encontrarse en absoluto en un sistema que se expone. En un sistema debe estar dado ya el contenido del todo, y no directamente el de lo particular. En Hofacker es especialmente claro este método falso de tratamiento; él cree lograr fidelidad así. Queda, pues, demostrado sobre qué malentendido se funda.

Este error se halla en muchos juristas, pero en la mayoría de ellos no está fundado por el plan, sino por la falta de capacidad de exposición. De ello surgen muchos malos escritos de en general eruditos juristas. Se los puede llamar con razón compilaciones de fuentes. Prescindiendo de ello, esos libros son muy útiles, no como presentación del sistema, sino como colecciones metódicas de fuentes.

Intentos que se elevan por encima del verdadero sistema, es decir, tratan de lograr poco más o menos una unidad, pero en ellos falta la diversidad; son aquellos que no trabajan fielmente. Se llama a esos trabajadores generalmente juristas filósofos, porque se dejan guiar demasiado por la arbitrariedad, una especie de revolución contra la legislación.

Esta falta de fidelidad puede concebirse como una directa rebelión contra la legislación – ello ocurre rara vez, pues sólo unos pocos han empleado tal lenguaje-; o, y esto es muy general, se trata de una rebelión indirecta, clandestina. La forma del sistema se les esconde a ellos.

De esto debemos hablar ahora. El contenido del sistema es la legislación, es decir, los principios del derecho. Necesitamos un medio lógico de la forma, esto es, de la condición lógica del conocimiento de todo el contenido de la legislación para conocer esos principios, en parte particularmente, en parte en su conexión. Todo lo que es formal tiene por objeto desenrollar la determinación de los principios particulares del derecho –generalmente esto se llama definiciones y distinciones-, ordenar la vinculación de varios principios particulares y su conexión. Esto es lo que se denomina habitualmente verdadero sistema.

Primer caso. Desarrollo de los conceptos

Se debe conocer un principio particular del derecho, es decir, se debe desarrollar los conceptos contenidos en él, lo cual equivale a dar definiciones y hacer distingos (el segundo se puede reducir al primero). Se trata, pues, de recorrer el mismo camino de las leyes –fidelidad genética-, demostrando especialmente los contrastes. Así resulta,

Muy natural que en el sistema no debe tratarse ningún concepto sin referirlo a un principio de derecho; cada cual debe tener una realidad jurídica. Koch da un ejemplo de error en contrario. Él da los conceptos de parientes sólo en la introducción a la sucesión entre parientes. Todo lector cree que estos distingos aparecerían en la teoría misma, y se ve defraudado.

Los conceptos determinan al sistema; a conceptos falsos siguen interpretaciones falsa. Ello pertenece a la teoría de la interpretación. Hufeland puede servirnos de ejemplo cuando determina así el concepto de la prescripción: es una cesación de los derechos mediante el pasar del tiempo. De allí surge inadvertido, pero directamente, el principio: en el sistema de derecho hay una clase de terminación de los derechos mediante el pasar del tiempo. El error pasa de aquella aclaración al principio jurídico.

Los errores al respecto y esta clase de error son muy importantes y aún frecuentes. Hopfner dio un notable ejemplo de esos en sus últimos años. Él admite que para adquirir una propiedad se necesitan *titulus y modus acquirendi.*

Hugo le criticó esta opinión equivocada, la falsedad del concepto, en el sentido de que a toda adquisición pertenece un factum acquisitionis, que sólo comienza con un *titulus*. Más Hopfner nunca pudo convencerse de ello, pues estaba demasiado imbuido de sus conceptos.

Ahora podemos demostrar algo que hemos indicado anteriormente. Muchos tratan de prescindir del material histórico, pero ya que se necesita alguno ¿cuál entrará en el sistema? Una mera opinión, tradición de juristas antiguos, en suma, surge un formalismo, una ciencia sin contenido.

Para lograr en la legislación fidelidad en la genealogía de los conceptos, la etimología es medio auxiliar muy importante: por ejemplo, *praescriptio exceptio* en lugar de prescripción. En muchos casos la etimología ha adquirido mala fama porque dividió a todas las definiciones en nominales y reales, desentendiéndose de las primeras por carecer importancia. Pero esta división es algo bárbara, ya que supone una vinculación arbitraria de los signos con la cosa designada, que no existía en caso alguno en la culta legislación romana, y sólo pudo tener lugar en la época bárbara del derecho canónico. Se considera generalmente menos importante la explicación del concepto en palabras, esto es, la definición. Aunque no es de despreciar, la otra explicación es lejos más importante.

Segundo caso. Ordenamiento de los principios del derecho

Se trata especialmente de la presentación de la vinculación interna de los principios de derecho. Debe ser completamente fiel. Se refiere a lo siguiente:

1. La relación de los derechos particulares entre sí determina qué es lo que debe separarse y unirse. Así, por ejemplo, los derechos reales y el derecho de las obligaciones deben separarse.

2. En cada parte especial del sistema debe establecerse la relación entre la norma y la excepción, a la cual se hace referencia en la ley misma y le sirve de fundamento. Es mucho más difícil, pero es igualmente importante que la primera. A menudo la relación es al revés, de lo cual surgen frecuentemente errores. Normalmente se prefiere un ordenamiento natural, más sencillo, que aunque correcto no pasa de ser solamente un punto de vista subordinado. En el método total nada debe ser considerado como una insignificancia; sin embargo, lo más importante merece una preferencia. Descuidándolo surge algo que no es correcto.

De la *interpretatio* extensiva y restrictiva.

Hasta ahora hemos hablado de cómo por la forma puede introducirse un error en el sistema: esto es, mediante una operación lógica general, que era lógica (definición) y por ello necesaria, pero que fue realizada erróneamente. Pero hay otra manera para que se infiltre un error en el sistema: la de una operación forma, accidental, cuando el sistema debe completarse por la mera forma o cuando es muy amplio y se le debe quitar algo. Ésta es la teoría de la interpretación extensiva y restrictiva.

El reproche alcanza a los juristas modernos, especialmente a los penalistas. La ley debe ser comprensible mediante el tratamiento meramente formal. Se parte de la investigación de un fundamento determina de la ley y luego se amplía y se comprende toda la ley. Se considera la regla expresa de la ley como conclusión final, la razón de la ley como premisa mediante la cual .se modifica la conclusión final, de modo que ésta deba ser más amplia – interpretatio extensiva- o menos amplia – interpretatio restrictiva-. Estamos hablando de ella aquí (en el sistema) porque esta operación no es una verdadera interpretación: podría llamársela interpretación material para distinguirla de la verdadera, pues el resultado sería totalmente distinto mediante una aclaración meramente formal. Según esto se entender un pasaje de Beccaria en Crimen y castigo, punto 4, que es refutado generalmente por ridículo. Se trata en ese pasaje de la interpretación material, porque dice literalmente que por el juez se agrega algo desde afuera a la expresión de la ley, y sólo en la interpretación material es esta arbitrariedad posible.

Lo primero en esta operación es que se asciende de la palabra, de la expresión de la ley, a su razón ¿Cómo se la encuentra? En algunas leyes se halla agregada a la regla, pero esto es raro, y ello concuerda con la teoría de la legislación. En la mayoría de los casos no se encuentra sino la regla, y la razón debe descubrirse y agregarse por el intérprete de una manera artificial

Se notará que esta operación es tan arbitraria que no se puede hablar de una verdadera interpretación, porque lo que el juez debe agregar a la ley y por este solo hecho no puede ser ya objetivo. Ello es más evidente aún por la inseguridad de la realización de la operación, pues de cada regla se desprende una secuencia gradual de razones: una considerada de modo general y la otra en forma especial de modo que la razón es aplicable a más o menos asuntos. Para ello, la operación debe descartarse, porque la razón no es objetiva por la ley; sin embargo, por la ley debe expresarse algo objetivo. Existen casos en que la razón no está dada especialmente, sino de manera tan general que se puede entender por ella todo. Ya que esta operación es accidente, no puede ser de aplicación en la ciencia del derecho.

Pero ¿qué pasa cuando el legislador estableció la razón? Él no la estableció como una regla general, ni con un objetivo práctico, sino tan sólo para aclarar la regla mediante ella misma. Por ello no debemos aplicar prácticamente la razón. En contra de esto se hacen dos planteamientos:

1) El legislador puede haber tenido solamente el objetivo de un uso práctico, pero evidentemente incorrecto, porque se puede concebir perfectamente otros objetivos.

2) Si el legislador pensó en esta razón, entonces debe haber pensado también en todas las posibles aplicaciones a otras reglas que las determinadas por él. Esto tampoco es necesario, porque esta consecuencia podrá ser suprimida por cualquier miembro intermedio, de modo que nadie podrá extraer de eso una prueba. En este lugar hemos de hacer dos observaciones:

1. En esta operación, como ya hemos dicho, no puede hablarse de una verdadera interpretación. En la vía de la mera interpretación, en una ley cualquiera podrá encontrarse una norma general en una expresión especial, de modo que la ley no quiso expresar nada más que la regla general

Así está expresada la regla general de todos los actos jurídicos, y no solamente la regla especial de la estipulación, que es tan sólo un ejemplo.

Esta interpretación conduce a la pregunta: ¿cuáles son las condiciones jurídicas en una regla dada y cuáles no lo son? Ello puede ser difícil en la explicación, aunque la regla sea clara. Toda operación falsa es muy distinta de la nuestra, en cuanto por aquella se reconoce que la regla especial de la ley debe ampliarse, mientras por ésta se reconoce que una expresión se contiene una regla general

2. ¿Qué es correcto para el caso en que la legislación guarda silencio sobre un punto particular? Ciertamente, ningún caso determinad es comprendido en la legislación, sino que cada uno debe ser subsumido bajo una regla superior. Si no es posible tal subsunción, se ha de distinguir entre derecho civil y derecho penal

En el derecho civil. Aquí evidentemente la regla debe ser descubierta artificialmente por el jurista, según la cual será decidido el caso: esto es, en parte mediante conclusión de una norma genera, y en parte tratando de encontrar en la legislación una regla especial que se refiera a un caso similar. Ésta es reducida, pues, a una regla superior y se resuelve el caso dado no decidido según esta regla superior. Esto se llama procedimiento por analogía, que se halla muy de cerca de la operación anteriormente condenada. Más en el procedimiento falso se agrega algo extraño, mientras aquí la legislación se completa así misma.

La mayoría de los juristas se refieren siempre en tales casos al derecho natural, por el cual ellos entienden un resultado general de la legislación positiva global, abstraído de toda historia; en esa medida es igual a la analogía.

En el derecho penal. En el derecho civil no se concibe litigio alguno en el cual no tenga que haber una decisión en favor de una de las partes. En el derecho criminal rige la norma siguiente: una acción es un delito en cuanto la legislación lo declara punible. Desde el punto de vista del juez, prácticamente, la punibilidad es causal. Si la ley guarda silencio sobre la punibilidad de una acción particular, no se puede hablar de punibilidad. La acción no es un delito para ella. Por eso en caso alguno puede haber una determinación por analogía.

¿Puede entenderse reconocida jurídicamente y permitida en el derecho romano la teoría de la interpretación extensiva y restrictiva, que aquí ha sido rechazada conforme a los principios metodológicos generales? Esto también se afirma, y especialmente está en relación con ello el tít. D. de legibus. Se invoca en primer lugar.

L. 17 de legibus. *Scireleges, non est verba tenere, sed vim ac postestatem.*

Mas verba *tenere* no significa en absoluto seguir la expresión directa de la ley, sino apegarse a la letra, como, por ejemplo, ocurre en Inglaterra. Se la debe buscar expresada en la regla.

En todas estas leyes se supone que se planteó un caso que no está expresamente determinado en ninguna regla legal, el cual deberá, por tanto, decidirse según principios fundamentales superiores, mientras se construye la regla superior de la decisión de otro caso similar. Se trata de una analogía del mero procedimiento, lo que es correcto porque es necesario, y no de una modificación de la ley.

Un perfeccionamiento de la ley es ciertamente posible por el legislador, pero nunca podrá tener lugar por el juez.

En algunos pasajes no se encuentra ninguna aprobación del procedimiento condenado aquí de *interpretatio* extensiva y restrictiva; pero en cambio existen otros varios pasajes que expresamente lo desaprueban. Se ha encontrado ridículos a estos pasajes, pero considerados prácticamente dicen lo siguiente: no se debe hacer uso práctico de la investigación de la razón de la ley.

Lo que acabamos de afirmar quedará bien aclarado en unos ejemplos: si una venta ha sido concertada de modo tal que se ha pagado mucho menos de lo que es el verdadero precio, la venta no es válida o se debe pagar el resto. El emperador introdujo la equidad como la razón general de este precepto. De ello se dedujo que la norma es aplicable a todo negocio oneroso, como compra, locación, etc. Se trata por tanto, de una interpretatio extensiva, y no de un procedimiento analógico, pues para los otros casos ya existe una norma general, a los cuales debe extenderse la norma, y ésta: los arrendamientos y demás deben asegurarse. Frente a la regla de la equidad se halla otra mucho más importante, la del carácter sagrado de los contratos, de modo que ésta suprime a aquélla. Si no ocurre así, debe haber una razón especial para ello. Ésta sólo es frecuente en el caso de la venta. A menudo el vendedor, por necesidad de recibir dinero, se ve obligado a vender la cosa, sin que esté presente un dolus. En otros negocios jurídicos no se concibe tal necesidad. La norma es, pues, muy sencilla: se refiere sólo a la venta.

El art. 159 de la *Constitutio Criminalis Carolina* habla del hurto calificado y su castigo. El hurto debe ser castigado más severamente en los siguientes casos:

1) De fractura;

2) De escalamiento;

3) Del empleo de armas.

Y el legislador agrega al mismo tiempo la razón; porque en estos casos el robo es más peligroso.

Aquí la mayoría de los juristas emplean una *interpretatio* restrictiva en cuanto convierte la razón de la ley en una regla práctica y siempre exigen peligro para aplicar la regla. El legislador –afirman ellos- determina expresamente como fundamento el peligro para la vida y la salud de otro. Entonces esta pena más severa deberá regir solamente cuando se puede comprobar dicho peligro.

Feuerbach, el intérprete más moderno, en su Derecho penal, punto 325, llega ciertamente a un resultado correcto, pero explica erróneamente la razón cuanto supone el peligro para el Estado.

La pena es aplicable evidentemente en cada uno de los tres casos mencionados. Se podría suponer que el legislador haya agregado erróneamente la razón, ya que hubiera podido pensar que no en todos los casos surgiría tal peligro –pero aun así el juez no podría suprimir el error-; más no es necesario suponer tal peligro, porque en la inmensa mayoría de tales casos de hurto surgirá peligro para la persona. Por ello el legislador estableció la norma en forma totalmente general para mantener alejado al juez de toda arbitrariedad, pues temía que aquél pudiese hacer un uso de la norma en tal forma que fuese alterada.

Pero todas estas suposiciones son aquí innecesarias, en cuanto toda esta interpretación descansa sobre un malentendido, pues "peligroso", *geflihrlich*, significa a propósito, intencionalmente. Del mismo modo, como se dice en sentido contrario: no por peligro –*ungefiihr*, acaso- esto es, sin intención, sin propósito. El hurto manifiesta aquí, pues, una categoría especial de *dolus*, y como tal es castigado más severamente.

El art. 178 de la *Constitutio Criminalis Carolina* dice que en ningún caso se debe reprochar a la legislación un error.

El fundamento general de la pena del delito consiste en que por el miedo del castigo serán evitadas violaciones del derecho. En este artículo se declara punible algo que es tan sólo el comienzo de la lesión del hecho: el conato (igual a la tentativa).

¿Cómo se llega al castigo del mero conato a partir del fundamento general de la punibilidad?: impedir la violación del derecho. Existen casos en que la acción que contiene el conato es en sí un delito y también hay, casos en que el mero conato no contiene ningún otro delito. El fundamento general de punibilidad –dícese- rige únicamente para primer caso, y no para el segundo. Por ello, el conato es punible sólo en el primer caso. La ley debe interpretarse restrictivamente, ya que el fundamento no rige para todos los casos contenidos en la ley.

Aún en el supuesto de que en la determinación de la ley (pena también para el segundo caso) pueda comprobarse una verdadera inconsecuencia, el juez no podría interpretar restrictivamente, porque esto sólo es un asunto del legislador. Más no es así. Basta con señalar que acciones que en sí no significan ninguna violación del derecho, pueden, sin embargo, considerarse punibles para evitar las lesiones del derecho. La razón de por qué el conato importa en sí una violación del derecho es ésta: en el conato, no se tiene en vista los actos que en él se dan, sino la disposición del ánimo. Existen casos, pues, en que el delito es tan probable que ni siquiera penas severas impiden al delincuente cometerlo, más la consumación es poco probable. Si se establece una pena para el conato, ella va a impedir más fácilmente el delito, y así obra indirectamente la amenaza del conato sobre la evitación de los delitos, y se logrará así también indirectamente el fundamento general de las leyes penales.

Aplicación de esta crítica de la interpretación extensiva y restrictiva a la crítica de escritos penales individuales.

Todo este procedimiento que hemos condenado puede resumirse bajo un nombre general: perfeccionamiento de la jurisprudencia por su forma. Principalmente les toca a los penalistas modernos este reproche, porque el derecho penal últimamente ha sido elaborado intensamente. Esto se ha discutido tan abiertamente, que uno podría creer que había surgido dos partidos, pero no es así, pues en todos se halla la misma máxima: perfeccionamiento formal de las leyes: sólo difieren en la aplicación particular de dicho perfeccionamiento. Mucho quieren unir la naturaleza de la cosa –algunos lo llaman derecho natural- con aquella máxima. Suponiendo que no hay ningún malentendido en este lugar, queda siempre por censurar lo que dijimos antes al hablar de la elaboración histórica, es decir, que no se elaboran las fuentes particulares por sí mismas y se extrae de ellas el resultado, sino que se mezclan esas fuentes: leyes positivas y derecho natural.

Esta máxima se encuentra, en general, aún en los sistemas penales contrapuestos.

Tittmann, profesor en Leipzig, se refiere especialmente a la naturaleza de la cosa.

El autor principal es Feuerbach, en parte porque abarca la ciencia con un a particular erudición, y en parte porque plantea nuevos principios prescindiendo totalmente de opiniones anteriores. Sin embargo, ni él es libre del todo de nuestras fallas. Ello se ve especialmente cuando admite una excepción a la prescripción quinquenal de los delitos carnales en el caso de estar acompañados de lesión personal.

La norma establece prescripción de cinco años respecto de todos los delitos que contiene.

Todo otro delito se prescribe en veinte años, incluso el estupro, porque hay en él vis pública. Esta decisión es meramente histórica y accidental. Esto debe evitarse. Lo expresa Feuerbach mediante la excepción de la lesión personal. Así se quita todo carácter histórico a la legislación. Del mismo modo, esto se halla ya en la trascripción de la parte general o filosófica, donde están incluidas muchas cosas no filosóficas, por ejemplo, la prescripción.

Encontramos esta misma falla en Keinschrod, *Systematische Entwicklung des peinlichen Rechts*, en un grado mucho mayor. Con absoluta claridad aparece en su explicación de la interpretación extensiva y restrictiva. La exposición es deficiente y sin preparación

Influencia de la filosofía sobre la jurisprudencia

Todo sistema nos lleva a la filosofía. La presentación de un sistema meramente histórico conduce a una unidad, un ideal sobre el cual se funda. Y esto es la filosofía.

Ya en los tiempos antiguos influyó la filosofía sobre el sistema, pero en general sólo sobre la forma. Todos los esfuerzos de los juristas de elaborar filosóficamente la jurisprudencia fueron enseguida olvidados o ridiculizados, mientras las elaboraciones históricas perduraron. La razón consiste en que hay muchos juristas mediocres en la jurisprudencia; y se puede pensar con mediocridad en la elaboración histórica, pero no en la filosofía. En los tiempos en que la preocupación era sólo por la antigüedad, el mérito filosófico fue desconocido para quienes no se contaban entre los mediocres.

Luego esto cambió, y debió cambiar en una época en que se empezó a elaborar la filosofía como una especialidad independiente. La obra de Grocio, De jure belli ac pacts, debía ser propiamente una moral histórica, que él no quería separar del derecho natural. Muchos eruditos elaboraron sólo el derecho natural, y surgieron conferencias en las academias sobre el particular. Existen dos clases de elaboradores del derecho natural (principalmente según las facultades): juristas y filósofos. La intención principal de todos ellos fue la misma; difirieron solamente en la exposición. Los derechos naturales jurídicos establecían las verdades jurídicas romanas en forma abstracta y luego esperaban encontrarlas mediante la filosofía. Los derechos naturales filosóficos seguían otro camino. Se debía considerar el derecho natural como una fuente subsidiaria de los principios positivos.Sobre esta visión descansaba todo el derecho natural; las jurídicas miraban al texto histórico, mientras las filosóficas son más vacías y más pobres.

Una tal elaboración jurídica es la de Gros en su obra, *Rechtswissenschaft*, Tübigen, 1802, quien introduce en su derecho natural la propiedad pretoriana.

Fue Fichte quien introdujo el primer cambio significativo; en lugar de partir de una suma de principios prácticos, descubiertos ya a priori, partió de fundamentar filosóficamente el punto de vista de la legislación, esto es, la jurisprudencia. Sus ideas van ascendiendo gradualmente. Su primera obra apareció anónima: *Beiträge zur Berichtigung der Urteile des Publikums über die franzosische Revolution*. En su *Naturrecht* ya se encuentran considerablemente menos principios prácticos. Su última obra es *Dergeschlossene Handelsstaat*, que tiene una concepción totalmente política

En estas obras de Fitche se ha comprobado cuan necesaria es la vinculación con la política en una elaboración filosófica de la jurisprudencia. Se nota que el propio Fitche no parece haberse dado clara cuenta, pues tiene muchas exposiciones políticas de las que aparentemente no es consciente.

Desde Fichte no se ha hecho mucho por la elaboración filosófica de la ciencia jurídica, pero es de esperar que de los nuevos esfuerzos, totalmente distintos de los trabajos anteriores, surjan nuevas opiniones. Así, apareció hace poco en Frankfurt una *Zetschrift fúr Rechtswissenschaft* (de Molitor y Kollman), que sin discusión contiene el mejor juicio sobre el derecho natural de Fitchte. Prescindiendo de que está escrito con gran genio, algunas frases dejan una impresión desagradable, parece que se ha profanado algo excelso, se siente que es un producto de la época. Goethe ha emitido un juicio eternamente válido sobre todos esos escritos.

(No he encontrado en los actores de trato, y en general, arrogancia peor que cuando uno tiene pretensiones de espíritu, mientras ni siquiera la letra le es comprensible y corriente).

La opinión corriente sobre el estudio del derecho natural es que éste debería preceder, como conocimiento previo, al estudio de la jurisprudencia positiva. Pero es degradar una ciencia filosófica el considerarla sólo como conocimiento previo de una ciencia histórica. Más ni siquiera como conocimiento previo es la filosofía absolutamente necesaria para el jurista. La jurisprudencia puede estudiarse perfectamente tanto con el derecho natural como sin él. Ello fluye del hecho de que la jurisprudencia pudo florecer perfectamente en épocas en que no se estudió filosofía alguna, y si se la estudió fue de modo tal que no se la podría tomar como filosofía. Quien no siente inclinación por la filosofía, puede dejarla. Su estudio requiere toda una vida, no solamente medio año.

SEGUNDA PARTE

Metodología del estudio literario de la jurisprudencia

Observaciones preliminares sobre la lectura crítica e histórica

¿Cómo puede aplicarse el estudio de los libros jurídicos al estudio general de la jurisprudencia?

Cuando se lee uno o varios libros sobre cualquier materia, se nota la preponderancia de determinado escrito sobre su propio saber, y de muchos no se sabe qué elegir. Así tampoco se sabe de una obra nueva si es mejor que todo lo realizado hasta ese momento. Al final existen las siguientes normas: se debe leer críticamente, y se debe leer históricamente.

Se debe leer críticamente. Leer significa ampliar los propios pensamientos sobre una materia que se intenta elaborar mediante el conocimiento de un esfuerzo anteriormente realizado sobre la misma materia. Leer críticamente significa leer de modo de juzgar al mismo tiempo. Juzgar una obra significa descubrir cómo se corresponde con su ideal. Por ello se debe saber: cuál es la misión; qué hizo el autor para resolver el problema.

Cuando se lee, rara vez se tiene ya el conocimiento del problema; generalmente resultará sólo del propia lectura.

Esta manera de leer críticamente es una regla para toda lectura. Parece paradójico que incluso un principiante pueda leer críticamente una obra maestra. Pero ello desaparecerá si se vincula el concepto correcto (comparación con el ideal) con la crítica. Existe crítica con admiración para una obra maestra y de condenación para una obra mala.

Preparativos generales. Se trata de producir algo en cualquier parte de la ciencia, uno mismo, y lo más perfecto posible. Esto es muy necesario y muy importante, porque no existe mejor aclaración para una obra ajena que la propia.

Léase obras maestras. No se trata de leer mucho o poco, sino de leer lo mejor, lo excelente, y de tener práctica para juzgarlo.

Cuando se trata de obras particulares uno debe esforzarse por concentrarse lo más que sea posible sobre la obra que va a criticar. Ello resulta más difícil cuanto más amplio es el material. Para ello es un medio excelente tomar notas desde el comienzo, lo más breves posible, y escribir un juicio determinado, lo cual va a ocurrir generalmente de forma automática.

Se debe leer históricamente. Se puede concebir un estudio sin lectura, realizado directamente de las fuentes. Pero si se lee, se debe leer históricamente, es decir, en conexión con el todo. Al final se debe leer todo, esto es, al menos conocer todas las obras. Aquí podemos pensar en todo escrito en forma doble, o sea, en una serie sincrónica en la cual cada obra figura como una parte del todo y cronológica, es decir, en relación con toda la época a la cual pertenece la obra, pues cada escritor se halla limitado también por el período anterior. Si se considera a cada autor en esta doble relación, se leerá históricamente. Sólo teniendo un panorama general de todo el campo de la literatura se puede estudiar a un autor determinado, y sólo así será posible una lectura crítica. En esta forma, a la crítica varias obras se excluye la posibilidad de que hubiera alguna otra obra mejor.

Este requisito de leerlo todo parece difícil, pero en el fondo el plan más perfecto es a la vez el más fácil, y así se evita en gran medida los vacíos. No se debe atar la realización del plan a un tiempo determinado; se lo debe ejecutar sólo proporcionalmente. En esta forma el resultado no será tan difícil. Así el estudio de la literatura se vinculará al de la historia de la literatura, y ello comprueba precisamente la justeza del plan.

El medio auxiliar principal para ello es nuevamente una visión general de la literatura y el hecho de tratar de ejecutar la obra por partes.

Estas dos reglas de leer crítica e históricamente están en perfecta relación. Según la primera, se piensa que el libro es parte de un todo ideal, y conforme a la segunda, como parte de un todo real. Ello indica que el estudio metodológico debe estar relacionado con la elaboración histórica de la literatura.

Aplicación de las reglas indicadas a partes especiales del estudio jurídico

No ha de esperarse aquí una completa exposición de la literatura, en parte porque el número de las obras jurídicas es demasiado grande, en parte porque se extienden especialmente a los dos campos del derecho civil y del derecho penal. Se debe repasar lo más rápido posible los datos y las noticias sobre la literatura.

1) Historia de la elaboración científica;

2) Resultados de la elaboración, conocimiento de libros.

¿Qué se ha hecho para la elaboración de la ciencia?

Dos reglas son decisivas:

1) Se puede considerar la sucesión interna en la ciencia y tomar en cuenta la menor cantidad de evoluciones posibles. Entre cada período científico y el anterior existe siempre una íntima relación.

Este punto importante ha sido muy descuidado en la jurisprudencia, en cuanto a veces se consideran períodos nuevos sin ninguna vinculación con los anteriores. Así se supone, por ejemplo, que en el período de los humanistas surgió una elaboración totalmente nueva. Esta opinión es completamente falsa. Todo que existía antes permaneció completamente; sólo comienza una nueva clase de conocimientos y se agrega al todo. Ello aparece con claridad si leemos uno de los humanistas antiguos, Alziat o Zasius. Nunca se debe suponer una revolución absoluta.

2) Se trata en cada período de descubrir el punto de vista que se tenía al elaborar las ciencias: ¿Qué se planteaba como ideal, como misión? ¿Qué hizo cada cual para resolver el problema?

En la elaboración de la historia de la literatura se ha separado hasta ahora la historia de la ciencia, en sentido estricto, de la biografía, la historia de los eruditos. Esto es unilateral. En efecto, lo que debe figurar en la historia de los eruditos tiene influencia sobre la ciencia –y entonces pertenece a la ciencia misma- o no la tiene –entonces no pertenece al tema-. Entretanto, ¿qué se ha hecho por la historia de la literatura en sentido estricto? Casi nada. La mayoría de las obras son libros y catálogos de eruditos. Se alaba entre ellos: Literatura juris, de Hommel, pero son meras complicaciones de informaciones, mezcladas a veces con chistes.

Se ha hecho algo por la biografía, por lo cual hay que estar agradecido, y justamente la parte más difícil se halla mejor elaborada, es decir, el período primero, que abarca el estudio en Bolonia en los siglos XI y XII. Existe una obra clásica al respecto. Sarti, un italiano, comenzó a editar la biografía de los maestros de Bolonia, la terminó Vaturini bajo el reinado de Clemente XIV y editó el primer tomo correspondiente al período del siglo XI hasta el siglo XIV. De *claris archigymnasii bononiensis professoribus*, Bolognae, 1769-1770. Como obra histórica-crítica es clásica.

Respecto de las épocas siguientes no se hizo nada completo. La obra más completa es: Guido Panzirolus. *De claris legum interpretibus*. En el siglo XVII aparecieron: *Jugler, Beitrige zur juristichen Biographie*, 6 tomos. Muy exacta, mas no es una biografía como parte dela historia de la ciencia. Es un mero registro de informaciones, lo cual tampoco es malo.

Últimamente aparecieron dos obras: Höpfner, *Biographie von Wenck*, respecto de la cual sólo es de lamentar que Wenck no fue un jurista; y luego la única magistral Biografía de Brandis, por Spittler. Presenta en forma muy propia la relación del erudito con la ciencia.

Conocimiento de libros. Aquí sería deseable desde un punto de vista bibliográfico, un repertorio general de todos los escritos jurídicos. En el siglo XVII, Lipenius, un no jurista, editó algo parecido para las cuatro facultades: su *Biblioteca realis jurídica*, 1679-1756, sobre el cual inmerecidamente fue construido todo lo que se hizo posteriormente.

El plan es bastante mediocre; la exposición, peor. Struv y Jenichen hicieron algunas contribuciones.

Fuera de ello, las materias son dudosas.

Después fueron publicados dos suplementos: por Schott, en Leipzig, que se adhiere a Lipenius, pero las informaciones son más seguras; y luego por Senkenberg. Nuevamente, con menos fidelidad que Schott, Böttcher, en Herborn, está trabajando ahora en un tercero. Sería necesaria una total revisión.

Sería deseable también un catálogo razonado sobre libros jurídicos, especialmente para el principiante; una obra que contenga menos pero al mismo tiempo más que la anterior. Un índice sistemático de todos los escritos útiles, con una breve crítica, esto es, notas sobre el modo y el grado de su utilidad.

Un trabajo mucho más difícil que el anterior. El autor debe tener un conocimiento completo de la literatura y del derecho. Lo mejor sería que lo hiciera una sociedad de juristas. El trabajo es demasiado difícil para una sola persona.

Tenemos: Struv, *Bibliotheca juris*, Jenae, 1756, que en algunos aspectos sigue este plan. Es bastante útil y puede recomendarse. Luego debería presentarse la nueva literatura. Ello resulta ya más fácil. Para ello, lo mejor son las instituciones de recensión y los institutos críticos. Los mejores eran las bibliotecas de Bach y Schott, pero pronto se disolvieron.

Indicación de una biblioteca jurídica en detalle.

Debe seguir el mismo camino que sigue la metodología absoluta. Conforme a esto, primero se trata de interpretación, luego de elaboración histórica y finalmente de sistema.

I Derecho civil

A) Interpretación

¿Qué se hizo por la interpretación de las fuentes? Aquí no corresponde realmente el estudio de las fuentes sino su tratamiento, y sólo respecto de cada fuente, esto es, de cada texto impreso de lo que ya existen algunos esfuerzos críticos. Obras generales, esto es, respecto de la jurisprudencia prejustinianea. Nos ha llegado lo que Schulting coleccionó: *Jurisprudentia antejustinianea*. Contiene escritos de Cayo, Paulo, Ulpiano y de algunos más. La crítica del texto es descuidada, pero la interpretación es muy importante, particularmente para el conocimiento del derecho justinianeo práctico. Después del Schulting se ha hecho muy poco en este sentido; en todo caso, más por la crítica que por la interpretación. Así fue editado: *Ulpianus*, Gottingae, 1788, *Paulus*, Berol, 1795, ambos por Hugo, pero el segundo fue mejor preparado. La edición es especialmente importante, porque va acompañada de una visión completa de las ediciones de estas obras antiguas. *Cajus*, Leipzig, 1792, fue preparado por Haubold con notas de Meermann.

El Código Teodosiano. En ello Jak Gothofred ha hecho casi todo. El punto de vista más importante para su utilización es la legislación bajo los emperadores cristiano. Por más importante que sea el estudio del Código Teodosiano, sin embargo, pierde mucho de su aspecto práctico, porque una pieza de él nos llegó muy impura mediante el breviario alariciano. Y esos primeros cinco libros contienen precisamente el derecho privado.

Colección justinianea de leyes. Crítica. El derecho justinianeo consta de cuatro partes. Algunas partes han sido impresas ya en el siglo XV, bastante a menudo y con dedicación (por ejemplo, las *Instituciones*, 1468, en Mainz). No ha sido elaborada críticamente. Un humanista famoso, Policiano, hizo por vez primera una comparación entre las *Pandectas* y el Código florentino. Bolognini lo advirtió por primera vez.

En el siglo XVI se ha hecho mucho. El primer elaborador verdadero fue Haloander. En los años 1529-1531 editó todo el derecho justinianeo. Después de él han hecho mucho Konzius, Panzius, Charondas y Russard.

De 1580 a 1776 no se hizo nada por la crítica. En 1583 editó Dion Gothofred el derecho justinianeo sin las glosas, en un papel malo, con letra chica, con algunas pocas notas. Esta mala edición era muy barata y fue reproducida muchas veces. Toda elaboración crítica se paralizó completamente.

A comienzos del siglo XVII se habló mucho de una nueva edición. Brenkmann viajó a Italia para coleccionar nuevamente la *Florentina*. Murió allí y legó su manuscrito a Bynkerschoek, quien nada pudo hacer al respecto. De su biblioteca lo compró Gebauer y editó el primer tomo en 1776. El segundo tomo apareció después de su muerte, elaborado por Spangenberg, en 1797-

El resultado total de esta nueva elaboración es muy insignificante. Sin embargo, hay en ella más aparato crítico que en todas las otras ediciones. No obstante, no sólo la exposición prodía ser mejor, sino que además el plan fue trazado erróneamente. Si se consideraba a la *Florentina* como el único manuscrito original, no debió admitir ninguna variante, en el caso contrario, debería haberse tenido en cuenta todas las versiones, y no reunirlas bajo el nombre de Vulgata, pues cada manuscrito tiene el valor de manuscrito original y constituye una fuente propia.

Interpretación del derecho justinianeo. Ésta es prácticamente muy importante. Es necesario preguntar: ¿qué se hizo por la interpretación del texto global?

Tenemos muchos y muy útiles *commentarii perpetui* sobre las *Instituciones*; el mejor es el de Vinnius. Respecto de otras partes, los comentarios eran muy difíciles por la gran extensión; la mayoría de las obras que llevan tales títulos sólo contienen observaciones prácticas a leyes individuales. Respecto de las Pandectas, Faber tenía el plan –*Rationalia*-, pero entregó solamente 25 libros. Su obra es útil.

Sobre el derecho romano global existe un solo intento: la glosa. Ella ha de ser usada:

1) En sentido crítico. Los glosadores no tenía a su disposición nada más que los manuscritos; a menudo hacían observaciones al texto, de las cuales se puede deducir la versión que sirvió de base. A veces hay muchas variantes;

2) En favor de la historia literaria en cuanto surgieron de ellas muchas opiniones de los juristas posteriores;

3) Como *commentarius perpetuus* sobre los códigos justinianeos. En este sentido son tanto más útiles cuanto menos conocimiento de la historia y de la antigüedad se supone y cuanto más se trata de una interpretación lógica del texto. Su uso nos resulta difícil; primero, porque la mayoría de las ediciones están muy deficientemente impresas, con más errores que el propio texto; y segundo, porque lo que tenemos como glosa es un extracto defectuoso y malo de los escritos de los glosadores. El último de los glosadores, Francisco Accursius, preparó estos extractos que nosotros mal llamamos glosas. Probablemente eral el peor de todos.

Algunos glosadores deben haber sido excelentes, especialmente Johannes y Azo. De este último se ha conservado también una lectura *in Codicem*, con la cual toda la glosa se convierte en código, solamente que es mucho peor que la lectura. Konzius fue su primer editor en París, en 1577-

Un lexicón completo sería muy útil. No se trata de real léxica sino de verbal léxica. De los existentes sólo uno pertenece realmente aquí. Barnabas Brissonius, *De verborum significatione noviss*, Halae, 1743, ha servido mucho y también *Joan Wunderlich, Additamenta ad Brissonium*. Es también muy útil para juristas: Gesneri, *Thesaurus linguae latinae*, ayuda precisamente a comprender a Brissonius.

Libros especiales. Interpretación de pasajes individuales de las fuentes. En este campo se ha hecho más bien demasiado que poco. Los escritos abarcan o aclaran sólo algunos fragmentos.

Grandes partes de una fuente particular: a ellos pertenecen especialmente los comentarios sobre títulos enteros de las Instituciones, del *Código* y las *Pandectas*; por ejemplo, sobre los títulos D. de *verborum significationibus y regulis juris* han aparecido varios, especialmente de J. Godefroi y Faber.

Además, explicaciones de escritos completos de los juristas antiguos, por ejemplo, Paulus, Ulpiano. Esto ocurrió particularmente en la escuela francesa. Cuiacio comentó todo lo de Papiniano, en Paulo ad edictum.

Se lo puede encontrar indicado en la historia del derecho de Bach. Se necesita de un medio auxiliar, de un index historicus, para esta segunda clase de interpretación. Ya en el siglo XVI se pensó en ello.

Respecto de las *Pandectas*, Hommel ha hecho lo mismo en *Palingenesia juris*, Leipzig, 1768. Aunque es útil, su corrección admite ciertas objeciones

Aclaraciones de algunos fragmentos: aquí es lo más difícil encontrar el mejor camino. Se tiene la mayor parte reunida cuando se cuenta con las opera omnia de los juristas más significativos; luego las colecciones de pequeños escritos para interpretar, especialmente el *Thesaurus* de Otto y Meermann, *Heinecii, jurisprud. Romana et attica*. Haubold, *Praecognita juris romani*, Leipzig, 1796. Además existe gran número de escritos pequeños que no están en ninguna colección, y figuran bajo el nombre de *observationes, emendationes, interpretationes*.

Sería muy útil un registro general sobre todo esto y toda la interpretación jurídica. Ya en el siglo XVI se comenzó a ofrecer tal cosa. Primero está: Antón Del Rui, *Ex miscellaneorum scriptoribus Digest. Codic. P. Interpreatio*, París, 1580.

Luego editado más completo por Brossaus, Lion, 1590. Figura impreso también en varias ediciones del *corpus iuris glossati*. En el siglo XVIII Hommel quiso elaborarlo nuevamente, pero apareció solamente la primera mitad como *Corpus iuris civilis cum notis variorum*, Leipzig, 1768.

Pasa sólo por las *Instituciones* y las *Pandectas*, pero sería deseable más perfección y una selección más apropiada. Sin embargo, es muy útil, especialmente respecto de las colecciones.

B) Elaboración histórica

Esta parte es muy incompleta y la mayoría de los escritos son malos. Se distinguió muy temprano entre historia interna y externa. En la historia externa del derecho debían figurar todos los hechos que no contenían principios jurídicos en sí. La historia interna del derecho, *antiquitates*, debía contener todo lo histórico de los principios jurídicos mismos, es decir, la evolución del sistema.

En los últimos tiempos los autores se han apartado con razón de esta separación, que tiene algo de incómodo y arbitrario. La mejor obra y casi la única útil es la *Rechtsgeschichte* de Hugo, de 1799.

En consideración a su forma es excelente. En cuanto al material, a causa de su brevedad, no hace innecesario ninguno de los libros antiguos para el uso de una clase. Entre esos antiguos figura:

La obra principal para la historia externa del derecho: Bach, *Historia iuris*. La última edición por Stockmann contiene importantes agregados, particularmente en las notas un repertorio. Haubold los ha hecho fáciles mediante tablas. *Histioria iuris romani tabulis illustrata*, Leipzig.

Además, es buena también la historia del derecho de Heineccius, a la cual Ritter y luego Silberrad, han agregado oportunas notas, Strassburg, 1765.

b) Para la historia interna del derecho es sumamente importante la obra de Hugo; por lo demás, la única de esta índole.

Sigonius. *De antiquo jure populi romani, noviss*, Italae, 1750, que por primera vez apareció en el siglo XVI. El plan de esta obra no es presentar una historia del sistema del derecho, sino de explicar a los clásicos. Por esta razón, acusa cierta limitación, la cual se muestra aún más en la exposición es desigual. No obstante, es muy útil y estilo excelente; y por abarcar toda la antigüedad, es indispensable.

Además, en las notas de Schulting se encuentra reunido mucho material para el derecho antiguo; también Gothofred ha hecho mucho por el derecho bajo los emperadores cristianos en su comentario al Código Teodosiano.

Tenemos compendios malogrados de obras antiguas, como el de Selchow (completamente inútil) y el de Heneccius, 1777, compilados por Signoius y Schulting, sin un estudio personal; además, con un plan malo.

Puede mencionarse como sistema de escritos antiguos la obra excelente de Brissonius, *De formulis et solennibus populi romani*, Leipzig, 1754, que reúne y explica las fórmulas jurídicas restantes.

C) Literatura del sistema.

El sistema debe presentar los resultados de la interpretación, por lo cual debe indicarse en su literatura cuáles escritos sirven para ser estudiados como resultado de las fuentes.

Sistemas que abarcan todo el derecho romano

Una obra de esta naturaleza, que se pudiera seguir sin titubeo, sería indispensable y una necesidad. La mayoría de los escritos se vinculan a una de las fuentes en cuanto al ordenamiento de las partes. Tales obras se encuentran ya en los glosadores.

También en los juristas franceses con nombre de Paratitla Esto estaba muy bien, pero más tarde se mantuvo el orden en los compendios y comentarios, lo que era absolutamente erróneo. La mayoría de las obras están elaboradas según ese orden.

Difiere de ello el comentario de Stoedt (sobre los libros 1 a 27 de las *Pandectas*), que pasa de título a título y pone introducciones.

El mejor es, sin embargo, el Comentarios de Conzius. Höpfner nos legó una obra similar sobre las Instituciones, pero no es recomendable en su totalidad porque carece de plan.

Entre los comentarios a las *Pandectas*, el Compendio de Bohmer es el que ha perdurado más tiempo, pero aunque lo ha merecido en algunos aspectos y contiene más material, el reproche anterior rige también para él. Hellfeld, en cambios, es peor, y a menudo falso. Sin embargo, se lo ha comentado entre otros, también por Glück. Si se ha pensado y leído sobre materias separadas, se lo puede repasar y ver si no menciona escritores desconocidos. Su literatura es bastante completa. En lo demás su obra no es útil, por lo menos para la fundamentación del sistema. La última obra de Malblank tampoco es mejor, amenudo más carente de plan. Sólo una obra es muy útil: *Westenberg, Principia irus romani secundum ord.* Dig. Aunque el plan es malo, la obra resulta muy útil como preparación al estudio de las fuentes, en lo que es muy completa. Entre todas estas obras ninguna presenta en forma completa los resultados del derecho romano.

Entre ellas podemos contar también las que ordenan las fuentes de modo particular, pues por lo demás no contienen nada más-

La obra de Berger, *Corpus iuris reconciliatum cum prafatione Sekerbergii* tiene un orden demasiado embrollado. Algo mejor y más útil es Pohier, Pandactae jwtinianeae in *ordinem redactae*.

Algunos, pero pocos, eligieron un plan propio; más la mayoría son tan malos que no hace falta conocerlos para nada.

La obra de Conani, *Commentarius iuris civils*, es una de las más importantes y aún hoy es útil

La mejor y quizá la única obra útil es: *Comment iuris civils* de Hugo Donellus, que en veintiocho libros contiene el sistema completo del derecho romano privado. Al principio fueron impresos sólo once libros en Frankfurt entre los años 1589-1590. Luego todos los veintiocho libros por Scipio Gentilis, Frankfurt, 1595-1597; En cierto sentido, es la mejor obra sobre el derecho romano, porque todos los demás planes le están subordinados. El sistema es apropiado y muy recomendable. Se considera a esta obra más difícil que las nuevas –en gran medida sólo es un prejuicio-, Aunque tienen que superarse muchas cosas extrañas, éstas con un poco de práctica desaparecen, y entonces resulta la obra más segura y más fácil. Este valor especial es casi totalmente desconocido, sólo se ha utilizado en la medida en que se hallan opiniones en ella. Otro sistema del derecho es Domat, Les lois civiles dans leur ordre natural, París, 1689.

El ordenamiento es malo; es tomado de los *engagements* (obligaciones) *et successions* (sucesiones). En total, bastante pobre; sin embargo, se puede utilizar respecto de un caso. Domat es para nosotros un escritor completamente extraño, y a menudo encontramos opiniones no corrientes.

La obra de Berger, *Oeconomia forensis*, es para prácticos; como tratado de teoría es muy malo. Fue editado por los célebres juristas Bacj, Winkler y Haubold.

La obra de Hofacker, *Principia iuris romani*, indudablemente tiene un gran mérita; sin embargo, en parte por el plan mismo, que no abarca sólo el sistema del derecho romano sino también el del derecho actual, y en parte a causa de la muerte de Hofacker, se hizo desigual y no sirve de base para el estudio.

Elaboración de partes individuales del sistema

En la elaboración de partes individuales del derecho, ayudan las obras bibliográficas comunes.

Elaboraciones de cuestiones particulares. Éstas se hallan indicadas en forma dispersa.

En ambos casos se necesita cierta familiaridad con la literatura de disertaciones, lo que es tan necesario como difícil. Al respecto falta un repertorio propio. Por eso se trata de repasar rápidamente cualquier colección importante y así reunir ciertas normas. Así se va a hallar, por ejemplo, que las disertaciones del siglo XVII son por completo inútiles.

El mejor repertorio se halla en la obra de Hofacker, Principios.

II Derecho penal

Además de las obras bibliográficas generales que corresponden aquí, existen algunas otras especiales para el derecho penal: Literatura de derecho feudal y criminal. Muy defectuosa. Es algo mejor Literatura de derecho penal de Blümmer, Leipzig, 1794.

El derecho penal, más que cualquier otra parte de la jurisprudencia, descansa sobre distintas fuentes, independientes entre sí: alemanas como romanas, dos legislaciones completas, que casi siempre abarcan los mismos objetos. Por eso, mientras se cometa el error de no separarlas y se persista en ello, no será posible una elaboración profunda.

Nuevamente, los escritos se dividen en literatura de la interpretación, de la historia y del sistema.

a) Interpretación del derecho criminal

Derecho penal romano. Casi no se ha hecho nada al respecto. La interpretación ha de buscarse en el derecho privado romano, del cual no está muy separada.

Derecho penal alemán. Fuente principal es la *Carolina*, sobre la cual han aparecido muchos comentarios a causa de su poca extensión. El comentario principal es el de Bohmer; sin embargo, no es interpretación verdadera. En este sentido es mejor el de Kress. Aun mejores son algunos antiguos, los de Ziriz y Renus.

Quien más hizo por la crítica del texto fue Koch, aunque debió remontarse más a las fuentes originales, dado que se atiene casi exclusivamente a ediciones viejas de la *Carolina*.

b) Elaboración histórica

Derecho penal romano. No hemos de buscar nada al respecto entre nuestros penalistas, pues lo mejor lo hicieron los filólogos.

La historia externa del derecho sigue el mismo camino que el derecho civil, mientras la interna es tratada en varios escritos, entre otros en los de Heineccius. Los escritos difirieron conforme a los períodos.

Primer período. En el primer período, hasta el año 149 antes de Cristo, eran pocas las leyes penales.

Naturalmente que no había nada más importante que la función del juez, ya que sólo la jurisdicción se determinó en forma precisa. Hay mucha oscuridad sobre el particular.

Segundo período. En el segundo período, después del año 149 antes de Cristo, se da la *lex Calpurnia de repetundis*. Se hizo corrientes para cada delito propio dictar una ley propia. Las *quaestiones perpetuae* afloran; por ejemplo, la *lex Julia* por encima del crimen *laesae majestatis*. Por ello es mejor el estudio de las leyes particulares. Bajo Augusto termina ese período.

Tercer período. Todo el derecho penal antiguo estaba fundado sobre la constitución republicana. Por ello, los emperadores debían reformarla. Se puede considerar terminado ese paso a comienzos del siglo III. La jurisdicción se hizo mucho más sencilla.

Las penas fueron establecidas más severamente por la práctica de los tribunales; algunas introducidas al derecho penal desde el derecho civil; por ejemplo, la mayoría de los casos de hurto. Surgen los *crimina extraordinaria*, crímenes respecto de los cuales bastaba con la satisfacción privada, que son castigados públicamente.

Esta nueva forma es conocida por los escritos de los juristas que hablan de práctica judicial; especialmente pertenece aquí el libro quinto de Paulus. Este período, en general, es el menos elaborado; lo mejor se hizo en las notas de Schulting a Paulus.

Cuarto período. Desde este período las constituciones de los emperadores siguieron desarrollando el derecho penal. Es especialmente importante la influencia de la religión cristiana.

Quinto período. Justiniano compiló también aquí el derecho antiguo. Por ello surgió una rara mezcla de institutos viejos y nuevos. Se debe, pues, separar todo: el derecho antiguo del derecho práctico justinianeo.

Por este período casi no se ha hecho nada. La mayoría ha considerado todo como contemporáneo.

Derecho penal alemán. La *Constitutio Criminalis Carolina* y si historia: se trata de los tribunales alemanes de jurados y sus modificaciones mediante la influencia del derecho romano, especialmente, de la historia de los gobiernos de Maximiliano I y Carlos V.

Después de la *Constitutio Criminalis Carolina* todo cambio fue realizado mediante la práctica de los tribunales.

Por ello sería deseable una historia de aquéllos. Pero se relaciona con la historia de la literatura y, por tanto, es difícil.

Literatura del sistema del derecho penal

Los comentarios mencionados sobre la *Pandectas*, el *Código* y la *Constitutio Criminalis Carolina* han de ser considerados al respecto.

Los sistemas conforme a un plan propio, que son más frecuentes que en el derecho civil. Resultan más importantes. En general, son todavía muy incompletos. Se debe repasar lo mejor para tener una visión general personal. Las fuentes históricas siempre están mezcladas. La elaboración de la parte más difícil, llamada parte general, es todavía tan acientífica que necesariamente uno debe buscar puntos de vista personales.

Los sistemas más grandes derivan de los italianos, pero son poco útiles y declinan entre los años 1750-1760. Beccaria ha logrado buenos resultados. También Cremani, Renazzi y Caronetti.

Entre los alemanes existen muchos comentarios en su mayoría malos.

Quistorp, *Peinliches Recht*, es inútil para el estudio; se trata de una compilación sin espíritu, preferido por los prácticos. La elaboración de la parte general de Kleinschrod ha sido ya criticada antes.

Las dos obras más útiles son: Meister, *Principia iuris criminalis*, que contiene poco nuevo: sin embargo, presenta en forma sencilla las opiniones usuales, y Feuerbach, *Lehrbuch des Peinlichen Rechts*, que es lo mejor que se ha hecho hasta ahora, aunque no sin errores.

Y para estar al corriente de la literatura moderna, se pueden recomendar las siguientes dos publicaciones; la mejor: *Bibliothek des Kriminalrechts*, de Grolmann, Almendingen y *Feuerbach*; el desaparecido *Archiv des Driminalrects*, de Klein, Kleinschrod y Kpnopak.

TERCERA PARTE

Metodología del estudio académico de lo jurídico

Presentación. En otros tiempos, en la Edad Media, la comunicación científica y académica era una y la misma cosa. En nuestros tiempos, especialmente desde el invento del arte de la imprenta, ello ha cambiado mucho. Pues casi todo lo que se puede oír en las universidades se puede leer también en los libros, con cual las universidades han perdido su prestigio natural; así también los Spruchcollegia, porque ya no tienen el monopolio de la comunicación científica.

Se ha afirmado que las universidades son ahora superfluas, sin embargo, se puede decir lo contrario, pues sólo al perder aquel monopolio, se han ganado un terreno propio. Si se quiere lograr el objetivo de un estudio erudito, al final éste tiene que haberse formado en la mente del estudiantado una visión independiente sobre la ciencia, de modo que luego el estudiante pueda moverse libremente. Es, pues, siempre necesario el estudio erudito propiamente como tal. En contra existe el prejuicio de que el estudio del erudito es completamente distinto de aquel del hombre de negocios. Esto ha sido trasplantado, por el orgullo pedante de estos últimos, a su rutina de negocios, y así se ha mantenido. El malentendido es fácil de suprimir.

¿Puede lograrse el objetivo de todo estudio científico, tanto para el hombre de negocios como para los hombres de ciencia sin estudios académicos?

Es posible, pero es muy raro debido a muchas dificultades. En cada hombre existe, en cierto grado, un principio de pereza espiritual, de modo que se hace solamente aquello que primero le es ofrecido; si alguien aprende una ciencia sólo de los libros sin asistir a clases, y estudio, además, por sí mismo, se sujetará en gran medida sólo a lo que ocurre accidentalmente, adoptará opiniones ajenas, se comportará totalmente pasivo frente a ellas, sin obtener una visión libre de la ciencia. Luego, especialmente para el principiante, hay muchas dificultades en el estudio, que no se dejan vencer fácilmente sin consultar a alguna otra persona que ya estudiado a fondo toda la ciencia, que tiene una visión general de ella y que ha llegado a cierta perfección

Ambos argumentos desaparecen en el estudio académico. El primero la falta de ejercicios sistemáticos de la propia actividad, será superado por la enseñanza oral; así también el segundo, esto es, las numerosas dificultades que surgen de la gran cantidad de escritos sobre la misma materia.

La prueba verdadera de que se ha logrado una enseñanza académica es la siguiente:

1) Todas las ciencias se hallan en una vinculación íntima entre sí, y si la enseñanza es liberal (como debe ser), esta vinculación debe reconocerse exactamente.

2) Del mismo modo debe surgir también el contraste de la ciencia en cuestión respecto de toda otra ciencia.

Todo estudio liberal conduce, pues a una cultura literaria profunda.

El objetivo de las universidades es entendido mal, y teórica y prácticamente es opuesto a la opinión general, que consiste en enseñar los conocimientos más indispensables en la forma más breve y fácil posible. Esto se puede lograr con mucha mayor facilidad mediante los libros. El objetivo verdadero de las universidades es más bien introducirnos al estudio científico, en forma tal que ninguna parte de él nos sea extraña o al menos que estemos en condiciones de aprender lo que falte de modo más fácil y profundo.

Aplicado esto al estudio académico de la jurisprudencia, su objetivo debería ser conducir a todo aquello que pertenece a la jurisprudencia. Respecto del estudio absoluto es, pues, necesario que no nos quede nada extraño en exégesis, historia y sistema, esto es, que el estudioso lo sepa o al menos pueda encontrar dónde ha de aprender el resto. Para aclarar lo expuesto sirve bien el siguiente plan.

Plan del curso jurídico académico

Todas las clases deberían dividirse así: en el primer curso debería darse una introducción a las fuentes, de tal modo que no haya nada extraño; pero como ello es sólo posible a través de la historia, debería exponerse la historia del derecho y dentro de ella la investigación de las fuentes.

Al segundo curso pertenece el conocimiento de los resultados de las fuentes, el sistema. Pero no debería presentarse como algo demostrado, sino como algo que debe descubrirse. La vinculación con la exégesis sería también necesaria, de modo que el sistema surja evidente en cada momento de la interpretación. Para ello no se requiere la totalidad del material, sino tan sólo aquello que tiende a la elaboración posterior de todos los objetos. Esto último no parece posible; sin embargo, lo es si se piensa cuanto se puede ganar en tiempo y para la sensibilidad del auditorio mediante la brevedad evitando todo lo innecesario. Por ello, una conferencia breve puede contener a menudo más conocimientos reales

El estudio de la jurisprudencia según el estado actual de universidades

Nuestras universidades no tienen este ordenamiento, aunque por regla general tienden a este objetivo. Pero los medios no son bien elegidos para alcanzarlo, ya que las clases en su mayoría no ofrecen nada más de lo que podría ofrecer también un libro escrito sobre la materia. Prescindiendo de ello, se espera evidentemente más provecho de una conferencia académica que de un libro, que puede ser igualmente bueno o tal vez mejor según su índice (y si no mejor, por lo menos algo distinto).

¿Qué es esto, pues? Cada libro es un hecho particular en la serie de las elaboraciones de la ciencia; en cambio, la conferencia académica no es así; no requiere que contenga algo nuevo, pues más bien se espera de ella que nos conduzca directamente al estudio de la ciencia y de su literatura.

¿En qué se basa esta diferencia? Lo mejor que puede contener toda comunicación todo libro o conferencia, es sin duda el método de investigación. Lo podemos hallar, como se ha dicho, en cada forma de la comunicación; pero en los libros el lector lo debe extraer y descubrir mediante un proceso artificial, lo cual es posible pero difícil.

Es completamente distinto el caso de la conferencia académica, donde ello se logra directamente, de modo que el método es comunicado directamente al auditorio. La disertación académica no es, pues, superflua, más como se supone que no siempre es así, deberíamos pensar que es así, y tratarla como tal –lo cual es igualmente difícil como el estudio de un libro-.

La aplicación de los principios fundamentales generales al estudio de la jurisprudencia presupone el siguiente principio: este estudio consta de interpretación, historia y sistema. Todo ello debería exponerse por separado. Pero como las disertaciones académicas se preocupan casi únicamente de la presentación del sistema, de resultados, el oyente debe hacer uso de ella y vincularle su propia interpretación. Se trata, pues, no sólo de creer todo que se dice, sino de comprobarlo.

Los medios auxiliares y el estudio de las fuentes. Las disertaciones académicas.

Para sacar provecho de las conferencias es importante tener en cuenta:

• Lo que debe ocurrir antes de la disertación: preparación. Aquí, como en general, el estudio de las fuentes es el mejor medio auxiliar. El mejor camino parece ser éste: controlar los pasajes de referencia y comparar con ellos los principios a comprobar, pero ello sería posible si en las citas mismas hubiera un plan y una perfección, pues no deberían contener nada inútil ni olvidar nada esencial. Éste es pocas veces el caso, y no se encuentra en ningún libro o clase universitaria. Se hace un buen ejercicio repasando rápidamente las fuentes, sin pasar por encima nada importante. Se deberá tomar nota de ello. Así será fácilmente posible lograr una visión del método del profesor y extraer lo mejor de su disertación.

• La única disertación preparada según lo dicho es la de Hugo sobre las Pandectas. Sólo de este modo puede aprenderse la interpretación de las fuentes: sólo mediante una interpretación propia se puede tener una opinión personal para juzgar numerosas opiniones ajenas.

La utilización inmediata de las disertaciones académicas mismas.

Las debemos tomar críticamente, y no se trata especialmente de controlar la verdad de las sentencias particulares, sino más bien de lograr la visión del todo En toda disertación hay definiciones, distingos, panoramas esquemáticos, etc., meras facilidades, pero justamente lo menos importante. La parte esencial, el método de la investigación, no puede encontrarse en tales medios lógicos. No nos deben distraer de lo real, sino más bien uno ha de acostumbrarse a que no sean mejores. Deben ser solamente medio fáciles para comunicarnos los puntos de vista personales del profesor.

Made in the USA
Monee, IL
19 October 2026

66035489R00046